愛與慾

基督教性神學初探

性

主編／關啟文、洪子雲

基道出版社

▼

戌樓文庫

愛與慾

基督教性神學初探

An Exploration of the Theology of Sex

供稿
明光社

主編
關啟文 Kwan, Kai-man
洪子雲 Hung, Andrew T. W.

執行編輯
羅慧琪

裝幀設計
莫可雅

■

出版／發行
基道出版社
香港沙田火炭坳背灣街 26 號富騰工業中心 1011 室
LOGOS PUBLISHERS
Unit 1011, Fo Tan Ind. Centre, 26 Au Pui Wan St., Shatin, Hong Kong
電話：(852) 2687-0331　傳真：(852) 2687-0281
網址：http://www.logos.com.hk

承印
陽光印刷製本廠

●

3/2003 初版　5/2005 二版
Cat. No. LP902-2A
ISBN-10: 962-457-230-5
ISBN-13: 978-962-457-230-8

Printed in Hong Kong

刷次	11	10	9	8	7	6	5	4	3	2
年份	2023	2022	2021	2020	2019	2018	2017	2016	2015	2014

目錄

社會中有關性的課題

教會對性革命的回應

附錄

覆巢之下，豈有完卵：教會怎能忽視香港的性革命？

關啟文、洪子雲

「性」是最古老的課題，但這本關於「性」的書卻是充滿時代氣息的。因為一場無聲無色卻又翻天覆地的性革命正在我們身邊展開，它的目的是把固有的性觀念和性道德連根拔起，進而用性解放的意識形態取而代之。一羣基督徒目睹時代的巨變，感到內心的催逼，決定作一點回應，初步的成果就是本書。

可能很多教會領袖仍覺得「性」這個課題離教會、信徒很遠，「性」依然是一個忌諱不談的課題，然而教會不談並不代表信徒沒有「性」方面的困擾及掙扎。今天香港的傳媒中滿佈色情的資訊，每天在電視電影所看見的，都是男女主角「浪漫」性愛的描寫，對情慾自由的推崇；再加上學者們都將「性慾」稱為「性需要」，將「節制」視為「抑壓」；而在青少年性教育方面，社會採取了「安全性行為」的策略，將「性」單單視為如飲食般的生理層面需求，以致對傳統的一套性道德觀（包括傳統基督教性倫理）帶來極大的衝擊。對於大部分年青人，婚前性行為、同居已不再是問題，正所謂「合則來，不合則去」，矢志不渝的婚姻承諾已被視為過時，於是離婚、未婚媽媽、墮胎的問題愈來愈嚴重。不要以為教會可以置身事外，隨著社會風氣愈趨開放，信徒的性困擾和性罪（如性沉溺、婚前性行為、婚外情、離婚等）亦隨之增加。説到底，信徒也是血肉之軀，身體得贖的日子還未到，每天置身於情慾橫流的洪流中，又如何能全然免疫呢？

另一方面，於社會政策層面，「娼妓合法化」、「性傾向歧視法」及「同志婚姻／伴侶法」等的訴求，背後都反映著「性權＝人權」的性解放思想，將傳統的性道德視為對人「性」自主的壓迫，甚至反過來以保守派才是不道德的，性保守言論也被標籤為霸權主義。不少性解放運動甚至直衝著教會而來，認為教會是歧視「性小眾」的罪魁禍首。加拿大已有教會為同志伴侶祝福，引致教會分裂。這等現象並非歷史的偶然，今日香港性開放的現象，其實承接著西方性革命的傳統。

台灣中央大學性／別研究室召集人何春蕤是華人性解放運動的健將，她曾對西方性革命有一段簡單描述：「一九六〇年代西方學生運動引用著名的馬克思佛洛伊德學者賴希的理論，宣告青少年情慾人權的重要性，其中不但要求成人不得剝奪青少年的性生活權利，更積極的要求讓青少年擁有情慾空間和物質資源，以便培養高品質的性生活。」[1]由於性革命將性慾與權力扯上了關係，昔日一切有關性的觀念都重新被審視，以致全球的性道德、性觀念，甚至家庭價值都有翻天覆地的轉變。源自西方的性解放風暴現已吹襲香港，教會應如何面對這衝擊呢？

這本小書的內容基本上是取自明光社於二〇〇二年舉辦的「基督教與性」神學課程，當然編輯作了進一步的整理、擴充和編排。我們反對性革命，這不是因為我們反對「性」本身，反是因我們深信「性」是上帝所創造的，是美善的，是真正合乎人性的。面對性革命的挑戰，我們認為要雙管齊下：一方面，教會必須回到聖經以及基督教神學傳統中，重建一套適切的基督教性神學；另一方面，我們要針對性地回應當今性革命的思潮，所以要對性革命意識有所掌握、分析及批評，而且在作出批評時應盡量使用各種理性和經驗的論據，以致更多人（包括非信徒）明白基督教性倫理的意義和重要性。

以上的進路反映在本書的結構上，全書有二十八篇文章，每篇大多約二千至四千字，這二十八篇文章又分為四部分：第一部分綜論性革命的發展和意識形態，並作出概略性的批評；第二部分植根信仰傳統，嘗試重建基督教的性觀；第三部分探討多個具爭議性的社會性課題，基於理性、經驗和社會分析，反駁性解放的主張；第四部分則思想教會對性革命的具體回應。本書可說是華人信徒和神學工作者於「性」這課題上的一個開創性嘗試，同類型的書似不多見。當然，我們當走的路還很遠，只希望這本小書能激發更多信徒和教會領袖對性神學作反省，並在這性慾橫流的世代中見證上帝創造的美善。

關啟文、洪子雲

二〇〇三年二月

註釋

1 何春蕤：〈爭取學生情慾人權〉，《中國時報》，2003年1月24日。她這篇文章是回應當時台灣社會的爭議，主旨是說台灣大學生完全有權在學生宿舍亂搞男女關係，不對的反而是那些批評他們的人。

現今社會中的性觀念

西方的性革命：歷史的回顧

關啟文 香港浸會大學宗教及哲學系助理教授

百多年前，基督教的性倫理在西方廣被接納，不但深植於社會文化，也受到法律保護，例如當時連避孕也被禁止。性革命在二十世紀初開始醞釀，但翻天覆地的改變則主要源自六十年代。至今短短幾十年間，性解放的意識形態已由邊緣變成主流，人們的性行為大為開放，傳統性觀念在法制層面更幾乎蕩然無存。性革命的西洋風已吹到香港，若了解西方的性解放歷史，我們會發現香港的性解放無多大新意；明白西方性革命的後果，將有助我們判斷應否在香港鼓吹性革命。

性革命的發展

性革命的興起有賴一羣先驅的不懈努力，如瑪格麗特・桑格（Margaret Sanger）在一九二二年創辦美國生育控制聯盟（American Birth Control League），大力提倡避孕，她是美國家庭計劃之祖；很多「自由戰士」一生致力推翻性禁忌，如羅素（Bertrand Russell）、蕭伯納（Bernard Shaw）、埃利斯（Albert Ellis）、勞倫斯（D. H. Lawrence）。

學者對性革命意識形態的散播居功至偉，如瑪格麗特．米德（Margaret Mead）在一九二八年出版了《薩摩亞人的成年》（*Coming of Age in Samoa*），展現一個沒有性壓抑的世外桃源。（但後來一些人類學家指出，米德的資料很多根本是錯的。）佛洛伊德（Sigmund Freud，1856～1939）是心理分析之父，他提出了里比多（libido）的觀念，認為性是人類的最基本慾望，若被壓制，便會造成神經錯亂。賴希（Wilhelm Reich，1897～1957）是「性－政治運動」的先驅，他致力維護青少年的性權，希望消滅家庭的模式和廢除性道德的規範，因為這些都是人「性」的枷鎖。

性學家的影響也是性革命成功的重要原因之一，如金賽（Alfred Kinsey，1894～1956）以實例數據作性學的基礎，在他的巨著《男性性行為》（*Sexual Behavior in the Human Male*, 1948）力證各種各樣性行為都是正常的，帶來了極大的影響。（然而金賽的研究今天受到廣泛質疑，因他的樣本裏有大量性罪犯和男妓，而且他本人有性侵犯一些嬰孩的嫌疑。）馬士特斯（William Masters）和莊順（Virginia Johnson）在一九六六年出版了《人類性反應》（*Human Sexual Response*），為現代性學奠下基礎。「科學化」的性學使性革命的意識形態看起來很客觀和權威。

當然，我們要在現代的文化背景下理解性革命：自由和自主是大氣候，傳統性道德觀念往往被視為不合時宜。性革命也是世俗化的表現：人對教會的反叛，代表著「人本主義」對神權的挑戰。在民主化的大潮流中，道德的「民主化」也被看為理所當然。這些都是性革命成功的文化背景。

婦女解放與性革命也息息相關。婦女一直是傳統性道德的主要支柱，婦女運動為她們爭取個人自由後，她們的性需要也得到重新確認，最後性自由更被視為女性的自由的最重要元素。

人們過往對性解放有三大恐懼：懷孕（conception）、感染疾病（infection）、姦情識破（detection），但是避孕方法的普及（如美國在1960年准許使用避孕丸），抗生素的發明和社會的都市化大大削弱了這三種威脅。再加上電視時代在五六十年代來臨，自此大眾傳媒中充斥著性的描繪，色情文化的發展可說勢如破竹。總而言之，當外在約束解除，內在道德規範被否定，個人的自由被歌頌，那還有甚麼可「阻礙」人無拘無束地表達性慾呢？

性革命的後果

性革命對文明不無貢獻，它使我們對性有更實事求事的認識，打破一些不需要的性規範和性罪咎，促進男女平等。然而「從情慾撒種的，必從情慾收敗壞」。因著性革命的一些極端思想，西方社會承受了沉重的代價。以美國為例，幾十年性革命對家庭的影響深遠，[1] 離婚率增加了2倍有多。在一九六〇年，有1個未婚女子，就有73.5個婚姻和9.2個離婚，今天的數字是55.7和21；與曾離異的父母同住的孩子的比率是2.1%(1960)和9.5%(1990);單親家庭的孩子(九成是無父親的)的比率:一九九〇年的數字是一九六〇年的3倍;私生子的比率是5.3%(1960)和28%(1990),增加了4倍有多!

曾進行性行為的青少年的數字也大幅增加。有性經驗的十五歲女童的比率是4.6%(1970)和25.6%(1990)。有性經驗的十九歲女童的比率是48.2%(1970)和75.3%(1990)。貞操在青年人中已成為「稀世奇珍」,隨之而來的未婚媽媽、墮胎等社會問題也日趨嚴重。

罪案率在這幾十年間也急升。暴力罪案如謀殺、強姦、搶劫、襲擊,在每10萬個美國人中分別發生16.1宗(1960)和36.4宗(1970);在這期間,所有罪案的數字由340萬升至810萬。暴力罪案的數目在一九七五年超過100萬,在一九九二年已達到200萬(罪案的總數字是1440萬)。在這期間,人口增長了41%,但暴力罪案的升幅卻超過5倍,整體罪案數字增加了3倍。在一九九二年,有23,760個美國人被謀殺(這是1900年的數字的100倍有多),有109,062個女人被強姦。監犯的數目自一九六〇年到一九九一年也增加了4倍。很多人會說,罪案的增加完全基於經濟的原因,與文化無關,但我們可與一九二九年經濟大衰退比較一下(那時的失業率高達25%)。因犯事而被拘捕的人數比率(以總人口的比率計算)的確由一九三三年的0.25%升至一九四一年的0.47%,然而一九四九年時經濟相當蓬勃,但比率仍上升至0.53%,而在一九九〇年上升至4.5%——雖然整體來說,美國的經濟在這段時期是有增長的。

總結來說，自一九六〇年的三十年來，美國的社會有如此改變：暴力罪案增加了5.6倍；私生子多了不止4倍；離婚率增加了4倍；生活於單親家庭的孩子的比率增加了3倍；青少年自殺率增加超過2倍；學業性向測驗(Scholastic Aptitude Test)的平均得分跌了80點。

性革命前，只有兩種性病是常見的：梅毒和淋病，但今天性病廣泛蔓延，以人類乳頭瘤病毒(Human Papillomavirus [HPV])為例，在美國的拉特格斯大學(Rutgers University)，60%有性行為的女生在三年內曾感染此病。白人青少年感染疱疹的比率在近二十年增加了5倍。6%至10%有性行為的青少年曾感染生殖器的衣原體感染(Chlamydia Genital Infection)。另外已有40萬個美國人死於愛滋病。

強迫性行為的問題也嚴重了，很多青年男生認為只要請女生吃飯，就有權強迫她們發生關係，因此20%的女大學生曾被強迫與人發生性行為，且很多時是友姦(date rape)。[2] 在世界各地，強姦的數字整體來說是上升的，如在英國，由一九六三年到一九七三年增加了1倍，單在倫敦增加了3倍。(本來數字在性解放之前是正在下跌的。丹麥的例子常被用來證明性開放會減低性罪案，其實它是例外。)

性革命所引起的種種問題，也為社會帶來沉重的經濟代價，據估計，為此英國和美國政府每年分別花費92億英鎊和830億美元。[3]

	英國政府每年花費（億英鎊）	美國政府每年花費（億美元）
疾病和死亡	10	190
離婚／分居／分手	51	370
家庭破裂	6	40
青少年罪行	14	150
單親家庭	11	80
總數	**92**	**830**

在西方，傳統的力量也有反撲，有些政治家主張回歸一些「基本的原則」；教會在社會層面提倡貞潔生活，如一九九三年在美國的真愛運動（True Love Waits）和一九九四年的「對性愛的尊重」（Sex Respect）運動，少年人對這些運動的反應也不俗。因此，社會中有一種回歸「家庭價值」的趨勢，甚至有性革命已完結的說法，然而這並不表示性革命的抗爭已經結束。性解放派仍操縱著大部分大學和傳媒，他們與保守分子的爭持是一場文化的戰爭，少數性革命活躍分子仍有相當激進的議程。總的來說，西方社會雖有一些回歸傳統的迹象，特別在美國，文化的保守主義有一定生存空間，然而大勢仍是對性解放有利的。

結語

回望西方的性革命，我有一些感想：第一，很多人認為性道德是完全私人的東西，是社會和政府不應過問的。以每個獨立的性行為看，這講法好像有點道理，但若從整體和長遠的角度看，西方性革命的後果告訴我們，性道德和性文化的改變對社會有深遠的影響，不應掉以輕心。第二，性道德往往被描繪成壓迫人的罪魁禍首，但當我們明白性解放也會令很多人受害時，或者我們應重新思考，性道德會否也有保護的功能呢？最後，性革命的燎原之勢清楚顯示，性道德(和對任何慾望的限制)的觀念易拆難建，今天對持守性道德嗤之以鼻的人，會否是太輕率和低估了道德傳統的智慧呢？

香港的性革命主要在近十年愈演愈烈，究竟我們會否步西方社會的後塵呢？答案尚未可知，也視乎今天我們如何回應。

註釋

1 這些數字來自幾份參考資料，包括Graham Heath, *The Illusory Freedom: The Intellectual Origins and Social Consequences of the Sexual 'Revolution'* (London: William Heinemann Medical Books Ltd., 1978); William Murchison, *Reclaiming Morality in America* (Nashville, Atlanta: Thomas Nelson Publishers, 1994)。

2 我們要注意，青年媽媽的男伴平均來說比她們大六歲，遠比她們世故。她們真的是完全自願，還是有被誘惑甚或被威逼的呢？

3 Patrick Dixon, *The Rising Price of Love: The True Costs of the Sexual Revolution* (London: Hodder and Stoughton, 1995).

香港的性革命：成因及現況

蔡志森 明光社總幹事

傳媒、科技、學者大合奏

傳媒、科技和學者是西方以至本港性革命的溫牀，孕育出本港的性教育仍然十分落後，但性資訊卻十分氾濫；人們對性話題仍然感到尷尬，但性行為卻愈來愈隨便的怪現象。香港人在性問題上表裏不一的情況嚴重，不少人是表面仁義道德，骨子裏卻男盜女娼的偽君子；也有不少是表面十分開放，實際卻是嘩眾取寵的偽小人！

傳媒淫賤化

曾經有報業中人在一個研討會上表示：「以前是文人辦報，後來是商人辦報，現在是賤人辦報！」[1]香港色情資訊氾濫，情況與以「猥瑣」見稱的日本不遑多讓！若以路邊報攤售賣色情刊物的現象作比較，連以性開放見稱的歐美國家，恐怕亦自愧不如！但在推行性教育方面，家庭、學校和教會對性問題仍然諸多迴避，令青少年活在一個十分矛盾的環境中，甚至覺得現實是虛偽的！當家長、教師和牧師對應否與學生討論「如何處理性衝動」仍然猶豫不決時，青少年要面對的可能已是如何做愛、應否墮胎和如何分辨自己是否同性戀！

愈來愈多的調查顯示，香港的青少年對性的態度愈來愈開放，例如青年協會的調查顯示：「成半年輕人接受冇愛有性」[2]；突破機構的調查發現：「半成中學生性交非情願，維繫與愛侶關係不懂說『不』」[3]；社羣策劃的調查更發現：「五成跨境貨車司機曾召妓，半數並非次次戴安全套」[4]；而香港愛滋病基金會和香港大學合作的調查顯示：「屯門男生12歲有性經驗，八成半受訪中學生有接觸色情物品」[5]……

成年人以至青少年對婚前性行為、一夜情及嫖妓的接納程度不斷提高，但對濫交會造成的影響卻缺乏足夠的認識和戒心，這些跟傳媒的渲染有密切的關係。現時市面充斥著展示女性胴體的光碟、色情書刊和網頁，長期浸淫在這些硬性色情資訊中，固然容易引起血氣方剛的青少年（包括定力不足的成年人）的性衝動，但真正影響受眾深遠的，其實是一些軟性色情物品所散播的價值觀！這些軟性色情物品只強調女性的身材樣貌，將女性塑造成放蕩、隨便的形象，而男性則被描述成天生的色情狂，見到異性便渴望「上牀」，認為男性的尊嚴是建基在征服女性的能力！此外，這些軟性色情物品又鼓勵不道德行為，將隨便的男女關係正常化！

在時下的電視劇和電影裏，拍拖已逐漸成為奢侈的玩意，只要「有感覺（feel）」，即使第一日相識亦可以「上牀」；而與陌生人的一夜情，是在沉悶的生活中一種浪漫刺激的經驗；性虐待更是一些平時道貌岸然的紳士淑女樂此不疲的玩意。

至於每天登堂入室，進入全港七成以上家庭而青少年可以輕易接觸的幾份暢銷報章，過去幾年裏每天都有專欄教人如何嫖妓，詳細描述妓女的年齡、身材、身體上哪個部位最敏感和牀上的表現，將嫖妓描述成與飲食、旅遊和體育一樣的「娛樂」活動。傳媒千方百計不斷以性作為吸引受眾的武器，鼓吹放縱情慾，卻對濫交可能產生的後果，如未婚懷孕、墮胎和性病等等略過不提，令一些年輕人只懂沉溺於情慾，而不懂和異性建立親密的信任關係。

影像媒介和科技的發展，更將性誘惑推至另一高峯，在電影、光碟和互聯網中，誘惑的女性胴體影像固然多的是，但對青少年的更大衝擊是其中所帶出的性觀念——婚前性行為、一夜情、同性戀、濫交、多元性愛……。

學者愛出位

青少年除了每天要面對傳媒的衝擊外，一些學者、專家的言論亦令他們迷惘：

例如香港大學社會工作及社會行政學系助理教授何式凝表示：「性教育應從鼓勵性交開始……現時大學生十分保守，很少會有性經驗，性行為除可以發掘更多人生樂趣之餘，更重要是讓伴侶兩人更加了解自己及對方，學習安全性行為來愛護對方。」[6]

曾經以被偷去手提電話比喻被強姦的理工大學應用社會科學系副教授何國良則認為，「香港社會一直壓制著青少年的情慾空間」。[7]在一些公開論壇中曾有青少年質疑為甚麼不可以有自己的性生活後，受到一些學者和社工的賞識！

著名的性博士吳敏倫亦建議放寬閱讀成人刊物的年齡，因為「根據法例，與年滿十六歲少女發生性行為已不屬違法，硬性規定青少年十八歲才可看成人刊物，是要他們『做完先去睇示範説明書』」。[8]另外，吳敏倫在與明光社代表辯論應否設立紅燈區時強調，娼妓只是職業的一種，只要他的太太和女兒是自願的話，他是不介意她們當娼妓的！

此外，有學者與筆者私下交談時表示，香港應考慮招募一些義工，為一些獨居老人解決性的需要！

這些學者語不驚人死不休！與喜歡嘩眾取寵的傳媒可説一拍即合，學者可以出位，傳媒可以提高銷量，各得其所。但諷刺的是一如吳敏倫在眾多訪問中所表示的，他自己的私生活十分正常，與太太關係良好，絕沒有他認為十分正常的包二奶、包二公情況。有些學者口裏説做甚麼也沒有關係，但在實踐上他們只是説一套，做一套。性開放、性濫交所做成的所有後果，由聽了他們的教導而實踐的人自行承擔！

今日香港性文化所面對的其中一個重大挑戰是，很多人因為怕被人恥笑為「道德佬」或保守落後，所以不敢提出一些有助青少年建立負責任性態度的言論，但一些愛出位的學者則不斷提出一些他們自己亦不會實踐的放任性態度，因而成為傳媒的寵兒，逐漸在移風易俗。只要大家繼續保持沉默，我們的下一代將繼續在遍地「鹹書」的環境下長大！

註釋

1《蘋果日報》，2001年3月15日，「堅哥與你」中作者引述《星島日報》採訪主任葉根銓的說話。

2《太陽報》，2002年2月14日。

3《太陽報》，2001年12月24日。

4《明報》，2001年8月20日。

5《明報》，2001年8月12日。

6《蘋果日報》，1999年12月2日；標題為「鼓勵性交是道德鍛煉 學者：要有愛護對方的『體育精神』」。

7《蘋果日報》，2001年11月12日；標題為「『電話被偷』喻『被強姦』 理大副教授出位性言論捱批」。

8《蘋果日報》，2000年6月21日；標題為「性博士：法例矛盾『做完先去睇』」。

性、性別與人權

江丕盛 香港浸會大學宗教及哲學系副教授
香港浸會大學中華基督宗教研究中心主任

蘇格蘭哲學與神學家麥慕銳（John Macmurray）曾經在二十世紀五十年代這樣說：「二十世紀基督教信仰所面對的最大考驗，就是如何回應共產主義及性的挑戰。」[1]

共產主義半個世紀前氣勢如虹，不但共產主義軍事力量對整個世界政治舞台與歷史面貌做成極大的衝擊，其思想理論與價值觀對西方學術界也深具吸引力。共產主義對一切意識形態，包括基督教信仰在內，所帶來的嚴謹挑戰不言而喻。二十世紀七十年代崛起的解放神學即基督教思想對共產主義的回應之一。然而深具諷刺的是，共產主義雖引人關注經濟架構與貧富不均所引致的社會不公義（如對經濟權、工作權，甚至政治權等的人權剝奪），但共產主義國家本身的人權狀況卻一直為國際社會所詬病。

麥慕銳把性與共產主義並列，甚至視兩者同為基督教於二十世紀的最大考驗與挑戰，這倒真令人感到意外。儘管二十世紀的性革命確然深深震撼西方社會，其影響亦日趨東漸，但性革命如何可以與幾乎曾經染紅半邊天的無產階級革命相「媲美」呢？更何況西方性解放的浪潮要等到六十年代才出現！

麥慕銳顯然有世代先知的睿智與遠見。二十世紀的最後二十年，同性戀文化反撲，把性革命浪潮推向另一高峯。而同時期基因工程的進展與突破似乎更是為性革命帶來科技上的祝福。對不少性革命運動者來説，基因生殖與性愛的完全割切，正意味著人類的命運最終可以由男女兩性關係的規範與束縛中破繭而出。由另類關係到另類婚姻，由另類家庭到另類生殖，新世紀性文化對性和性別的重新解構直接衝擊人對自我的理解與定位，以及人與人、人與物之間的關係。家庭關係、社會結構、道德價值、人文思想與宗教信仰等亦因之作出重大的調整及改變。由二十一世紀初的視角來看，性革命浪潮對人類文化及命運的影響顯然並不較諸共產主義遜色。我們有理由相信，性和性別對基督教信仰的挑戰在二十一世紀中肯定更為顯著！

不少人或以為社會公義與性價值觀是兩回事。然而，對兩者的取向卻同樣地反映著更深層的意識形態，以及這意識形態所塑造的人觀。換句話説，人權與性權並不僅是社會倫理和家庭倫理眾多課題中的兩個，而應是最基本、最重要的兩個。尤有進者，對性權的不同詮釋很可能反映出不同的人權概念。值得注意的是，如果對人權與性權的認識乃取決於更深層的人觀，那麼對兩者的詮釋自然亦是一個神學課題，而教會對人權與性權的反省就責無旁貸了。可以肯定的是，人權與性權所衍生的各種問題，仍然是基督教信仰在新世紀所必須面對的最大考驗及挑戰之一。

「權」的問題基本上是自由與訴求的問題；倫理問題基本上是價值與判斷的問題。人權與性權雖然是社會與家庭倫理中最基本及最重要的兩個課題，但西方文化對人權與性權的處理，卻往往只沿著個人向度(dimension)推演及發展。一方面，傳統的社會與家庭倫理價值觀若不隨著日益膨脹的個人自由與訴求而更變，或甚至全然解體，就只能存在於各別的個人或社羣的空間裏。另一方面，自由主義者把道德市場化，認為只有非價值判斷的多元倫理模式才能滿足一個不斷膨脹的個人市場。奉自由市場理論為圭臬的香港，自然欣然接受自由主義這種個人化的人權觀，以及把性道德個人(相對)化的論調。

然而，香港教會對人權與性權的態度又是如何呢？

香港教會雖然對人權看法頗為一致，但就更深層的性權態度而言，顯然有相當的差距。這差異可從近十年來教會對同性戀(及相關的性傾向、性傾向歧視等問題)的立場清楚反映出來。值得注意的是，對性權認識的差距不但反映出不同的人權概念，亦涉及不同的基督教人觀，以及更基本的創造觀和救贖觀。隨著同性戀非刑事化於一九九〇年七月在香港立法局通過，及隨後反性傾向歧視法例的提出(但不被通過)，並政府近年來反性傾向歧視教育活動等的推行，再加上全港第一份中學生同志刊物《首吟》在二〇〇一年的出版，對同性戀及相關課題的神學反省確實急不待緩。然而，儘管香港社會的性價值觀變異如是急劇，相關的神學探討仍極為缺乏。

人權與性權，創造和救贖等課題一向是我關注的課題。一九八四年在德國進修時首次正式接觸同性戀問題，並就此嘗試作神學反省。隨後我繼續關注有關性與性別的討論，深深感受到這些課題的重要性及複雜性。這些年來曾想把自己的一點思考寫下來，但卻因其他的寫作計劃延擱了。一方面，總覺得自己的認識還不夠，希望再多作一些深入的研究及反省。另一方面(更重要的原因)，總覺得今日的文化、學術、甚至教會神學界內，此類課題的協商或對話空間確實太小了。

眾所周知，願意公開批判同性戀者的論證或否定反性傾向歧視法例的都是「政治不正確」的極少數者。雖然自由主義道德觀與自然主義宇宙觀不是文化圈與學術界的共識，但肯定是當中的主流聲音。傳統的性價值觀往往被譏為保守和過時，甚至被斥為無知、偏激或違反理性的説法。性價值爭議背後的更深層意識形態之間的衝突，以及個別立場的一致性，往往未獲得應有的重視。例如，強制推行反性傾向歧視法例是否違反人權(即踐踏並非不合理的傳統家庭的性與性別信念)？是否犯了「劫貧濟窮」或「州官放火」的謬誤(即壓抑「反對(或質疑)『反同性戀歧視』」少數弱勢者的聲音)？支持同性戀的某些論證是否同樣可以支援更偏激的(如多性伴侶或人獸戀等)性關係等？

必須注意的是，支持傳統家庭價值觀絕不意味著「單純引用聖經字句建構今日性倫理」的「愚蠢」但較為「輕鬆容易」的神學進路。[2] 不少學者(包括絕大部分的基督徒學者)以為除了訴諸聖經權威或教會傳統外，基督教的保守性道德觀在理性上是無法維護得住的。面對文化大潮流的衝擊，持守傳統性道德觀的基督徒顯然承受內在、個人信仰價值觀與外在、自由社會道德底線的張力。當中固然有人因深感教會價值觀與時代精神脱節而放棄信仰，而年青人恐怕又佔流失信眾的大多數。

教會在性與性別等相關課題上雖然或有分歧，但不少持相反立場的主要發言者都是人權與民主的積極維護者，都是基督聖愛生命的追隨者。事實上，立場相異並非意味著必須對立與敵對；而立場相反其實正是對話的好對象。以基督仁格為楷模的基督徒必須學習與持不同神學立場者進行對話和協商。持相反意見者應該以同樣的嚴謹、客觀態度，自各種不同角度維護其性神學或性道德立場，並進一步回應對方的質疑與挑戰，或甚至指出其論證錯謬之處。筆者期望教會領袖及神學同仁把自己的思索或立場清楚地寫下來，讓他人有機會了解及回應，積極邁向對話的一大步。

註釋

1 參 John Macmurray, *Search for Reality in Religion* (London: George Allen & Unwin Ltd, 1965)。

2 參 J. Ian McDonald, *Christian Values: Theory and Practice in Christian Ethics Today* (Edinburgh: T and T Clark, 1995), p. 117。

分析性革命的意識形態

區建銘　信義宗神學院副教授

有關性革命的意識形態，筆者會從以下三個主義來進行分析：

世俗主義的人觀

「世俗」(secular)一詞源自拉丁文*saeculum*，意思是時期(age or era)。在中世紀時期，神職人員分為世俗的神職人員(secular clergy)和神性的神職人員(religious clergy)，前者的服事場所是世界，而後者則是在修道院。換言之，早期對「世俗」這觀念的界定是在乎於場所。但在啟蒙時期，「世俗」已不囿於以場所作為界定的準則，而是指與宗教分割之意，而「世俗化」的產生是基於國家與教會開始不再為一體，教會權力再不等於國家的權力。這過程發展至今，已完全將宗教信仰摒諸門外，宗教對世俗來說只是一個符號，它的內容和意識完全不適用於世界。這便是「世俗性」的誕生，亦是「世俗主義」的思想。簡言之，「世俗化」與「世俗主義」的分別在於，前者是社會轉變的進程漸漸將「聖」與「俗」或「宗教」與「世界」的事物分別開來的過程，而後者則是一種意識形態的轉型；「世俗主義」就是強行將「聖」或宗教的意識在社會上完全摒除。

由此看來，世俗主義不再涉及任何宗教信仰或宗教意識，取而代之的是人文主義的理論。世俗主義這樣除掉宗教意識，便否定了人有超越性的根本和目的（*Telos*），進而認定人類最崇高和最偉大的就是自己的理性。理性使人能洞悉這個外在的世界，並給予人有認知整個世界的結構和秩序的能力。基於這個信念，人文主義便提出人類是整個世界的中心和擁有最高價值的主人，世界上所有的事物都是為了人類而存在的，他或它們是用來服事人類而已。當人成為整個世界的重心，並視自己為最高價值的主人，人類最重要的任務或存在的目的，就是滿足自我的欲望，拚命發揮自我的潛能。這種實現自我的意識形態，甚或是一種自我崇拜或自我戀慕的表現，正正反映出人類否定了自己內在超越性的根基，就是一種向上伸展的接觸。

世俗主義的誕生及對理性的高舉，影響人文主義對人類的定位，隨之而來也為世界帶來翻天覆地的改變。

自由個人主義的倫理

世俗主義影響人文主義，而人文主義影響自由主義。自由主義的倫理觀可說是影響性革命之意識形態的主要因素。對自由主義者而言，個人價值就是評價社會和政治的指標。基於一個個體至高的價值就是自主（autonomy），所以，社會和政治的目的就是將每個個體的自主性——這個至高的價值——在社會上發揮出來。人類的自主性同時也反映出人類的自由，基本上人類的自由是不應受到任何壓抑的。一個理想的社會應該對所有的生活方式存著最大程度上的寬容，換言之，政府必須給予人民多些自主權，使市民可享有最多的自由；若社會的管制太多，就是不寬容，而這種家長主義(paternalism)將扼殺個體的最高價值——自主。在這個大前提下，自由主義者所提倡的性倫理觀是開放的，意思是只要在自主和自願的情況下，所有的性行為都是許可的，因為雙方都同意進行性行為就是個體自主性的表現，是應該受到尊重的。

自由主義的性愛觀在功利主義大師約翰・穆勒(John Stuart Mill)的推波助瀾下更發揮得淋漓盡致。約翰・穆勒在《羣己權界論》(*On Liberty*)一書中提出：「任何自願的自我表達(或雙方同意的行為)在道德上都沒有問題。」因此，任何種類的性行為和性取向，只要不傷害別人，而當事人又是自願的，在道德上都是可接受的。法律固然不應禁制，其他人也不應批評，因這是強加一己的價值觀在別人身上，是不寬容(intolerance)的表現。

另外，由人類自主、自由與平等的觀念而推展到人類在社會中的權利來思考，一個理想社會需要使每一個個體都能享有自身的權利。基於自由主義對平等的要求，即每個個體在社會上都應擁有選擇其生活方式的權利(包括選擇性伴侶在內)，所以傳統觀念裏性、愛和婚姻的鐵三角關係於此未必有一定的關連性。這種美其名曰提倡人類平等與自由的性愛觀，實際上卻瓦解了婚姻觀念，繼而也將家庭觀念變得模糊不清。雖然如此，我們不可忽略自由主義也有它的道德原則，即傷害原則（harm principle）。但由於篇幅所限，在此不贅。

後現代主義

性革命的意識形態得以在當今大行其道，其中一個重要因素就是它借助了後現代主義對道德觀念的批判，而為性道德觀作出新的詮釋。

筆者在此藉三個具代表性的後現代主義思想家的主張，簡單解釋後現代主義如何批判道德觀念。第一位是李歐塔（Lyotard）。基本上他是藉批判現代主義的科學知識和技術，從而指出現代主義思想背後取用「元敍述」（meta-narrative）作為前設是不恰當的。"Meta"就是超越之意，元敍述就是肯定世上有超越文化的普遍知識，而李歐塔就是否定普遍知識的存在，他指出後現代的世界已進入一個多元化的新階段，在這個階段裏，沒有一種對世界的論述可作為認知的標準。因此，在否定元敍述的觀念下，基督教的創造觀和人性論都不成立。

第二位是德理達（Derrida），他否定固定意義和絕對真理的存在。德理達批判傳統語言文字能作為意義的攜帶者，因為語言並不是建基於一個客觀的在場性（presence），「在場性」是主觀的，是受制於社會文化和自身經驗之內的；換言之，所有語言的意義都是在語言自身之外的，它們取決於人類的歷史背景、社會文化和自身體驗，脫離了這一切，語言是沒有意義的。在此一理解底下，社會對性資訊的解釋，只是經由社會的宰制勢力建構出來的理念，用作傳遞宰制勢力意向和鞏固他們的利益，以收控制之效。

第三位是傅柯(Foucault)，他提倡權力真理觀。權力真理觀指出所有絕對真理和道德標準都是權力的工具。社會統治集團將知識和道德掛鈎，目的是控制每個人所擁有的權力，包括個人的身體和性活動的層面。傅柯在剖析政治學的過程中，強調宰制每個個體就是對人的身體(特別是他們的性行為)作出規範。當社會向民眾灌輸性知識和道德規範，社會統治集團便可一步一步有效地對每個個體的生命施行權力。因此，有性革命者如邵家臻批判以權力角度所提倡的性道德觀；又有鼓吹「多元性愛選擇」的同志們反對傳統的權威，他／她們認為「所謂正常、道德和文明，都是強權定義的產物」[1]。

分析完以上三種性革命的意識形態後，筆者嘗試作出幾點批判。首先，世俗主義否定人有超越性的根基和目的這想法，後現代的世界觀已對此給予直接的回應。今天，我們已肯定人的理性只是佔人整體的一部分，作為一個人，我們還有感性和超越的靈性或精神向度，人會對這些向度追求不同程度的滿足。此外，當人肯定了其超越性，人的自我實現和自我價值便不再局限在這物質世界之內。的確，我們也贊同自由主義對人類自主性的尊重，況且基督教信仰也十分肯定人的自由意志，因為這是上帝創造人時賜予人的恩典。但是人的自由並非不受限制的，至少我們也得受制於時空之內，我們也沒有選擇父母的自主權。當人類將自由和自主無限化，人便扭曲了自己的本性，會變得更自私，社會便沒有和諧可言。最後，筆者要向後現代思潮的道德主義者提出兩個問題：第一，反道德主義本身是否一種新道德主義？另外，若語言本身沒有固定意義，亦沒有絕對真理的話，反道德主義又是否一套價值標準？它有沒有固定意義？若沒有，我們便要提倡否定之否定的理念，就是反反道德主義了。

註釋

1 參「姊妹同志」的宣傳單張《性權就是人權》，1997年12月。

性解放哲學簡評：性權、性隨便和婦女解放

關啟文 香港浸會大學宗教及哲學系助理教授

性革命的性解放哲學

性革命有不少實際的議程，如娼妓合法化、多元化婚姻和取消所有性行為的年齡限制，但最終它的目標是整體社會性倫理的革命：把性愛分家，使性非神聖化，以及令社會接受所有性愛表達的形式。不要看輕這種意識形態，不少香港的知識分子都表示支持。一些概念（如性權即人權、性交好像握手）經過反覆的傳播，會慢慢滲進一般人的腦海中，影響新一代的語言和思想都在迅速轉變！教會的性倫理立場傾向保守，清楚性革命的思想挑戰，可促進教會的反省和更新。此外，知己知彼，才可合理地回應對方的挑戰。下面會就幾點簡略談談性解放的意識形態。

性權即人權？

很多人從人權的角度促進性解放。他們認為只要不傷害他人，任何性行為不單在道德上都沒問題，更是人

權，任何程度的干涉（包括道德判斷）都是侵犯人權。如「姊妹同志」便認為「性權是天賦人權的伸延，是在性意識形態上，每個人皆享有和該受尊重的權利」。若然如此，我們更應立法保護弱勢羣體（如同志、妓女等），因為他／她們是被主流社羣批判的受害者。

在社會自由化的大潮下，以上思想看來是難以抗拒的。然而我們要區分自由化的幾個階段。我也支持由政治和文化都專制的社會，過渡到重視寬容、多元化和人權的自由社會。但今天香港經歷的階段是由自由主義到相對主義，再由相對主義發展為反道德主義，無論提倡任何道德，都會被視為霸道、不寬容和歧視他人的「道德恐怖分子」。知識分子以討伐「道德佬」為己任，「道德」成為新的禁忌，「自由」成為新的絕對，「自由主體」成為「上帝」。這些發展其實大有問題。

首先，我們要注意相對主義與反道德主義是互相矛盾的。相對主義否定**一切**道德判斷，但反道德主義是一種新的道德主義，充滿著激烈和熱切的價值訴求，跟相對主義背道而馳。所有言行一致的相對主義者應放棄所有價值判斷，不能再說貞操概念、性壓抑和歧視是**不好**的。不然應坦承自己有**另一套**價值標準和承擔證立的責任，就是為何別人一定要依循他的價值標準？為何現代社會的價值**必然**比傳統的好？

我們也要正視濫用人權的問題。今天我們只要在想做的事情上冠以人權之名，事情就立刻成為一種我本來應該享有的東西。至於阻止我完成這種心願的障礙，當然就侵犯了我固有的權利。如此，權利的要求會無止境地擴張，長遠只會使權利論述失去其正當性。可見的將來也有人會說賣翻版、藏毒、吸食大麻、駕車時用手提電話交談、乘車時不戴安全帶都是人權；少年人會說不上學、不交功課也是人權。為甚麼不是？以甚麼標準去釐定？若全無標準，人權也沒有固定意義。人權是指**某一些**生而有之、極度重要的東西，若**所有**行為都被稱為人權，人權還有特別的重要性嗎？所以我們要問，把所有性行為(如濫交、性虐待)的進行都說是人權，究竟在法律、國際公約和道德原理上有沒有基礎？亂倫、與未成年青少年性交，當事人又是否有性權？[1]

可以這樣總結：「性權是人權」的講法若只是說，所有人都有自由在合法和合理的情況下追求性滿足，那沒有人會反對；但若「性權是人權」意指任何形式的性行為都是天經地義，所以社會不應規管和不應批評，甚至要立法保障，那就只是性革命分子沒有理據的斷言和主張而已。

性交就好比握手？

這說法反映性隨便(casual sex)的意識形態。性好像做運動、握手等平常的活動，不用大驚小怪，看得太沉重。其實只要細心想一下，運動與握手的比喻不當之處甚明顯。你會一家大少一齊「做運動」(家庭性愛派對)，有空就和兄弟姊妹「握手」嗎？我們一天可和一千幾百人握手，但那種「握手」可做多少次？（生理和感情的要求很明顯不同。）假使妳的男朋友和別人一起做運動，妳可能會在旁打氣，為他的神勇表現高聲喝采。然而當他與其他女性一同「做運動」時，妳會一樣在旁為他打氣，而且當他表現神勇時，也同樣喝采嗎？除了少數極度解放分子，這有點難以想像吧。

一直以來，人們都認為性交有很大的意義，就算從身體角度看，性交也是與人最親密的接觸。性隨便思想把身體**純粹視作一個遊樂場地**，然而身體和靈魂是不可分割的，我們怎樣使用身體，也塑造怎樣的靈魂。所以性隨便的意識形態大有問題，起碼與今天大部分人對性的直覺和體驗並不吻合。這或許也是人與禽獸的分別吧！此外，其實性革命的思想亦有自相矛盾的地方：有時歌頌性勝於一切，認為性慾是美好的本能，在健康人生中是不可或缺的；有時卻說不應將性看得過於嚴肅。若性交真的就等如握手一般，我想沒有人會獻身於「握手」的解放運動吧！某些雜誌往往鼓勵大家要對性瀟灑，然而若性真的是兒戲平常事，那些雜誌的銷量就不會如此驚人了吧！（試想像會不會有一本經常以握手動作為封面的《一本便利》。）

若倏忽無常的歡樂是性的惟一意義，那為何性又往往產生種種情緒問題，如孤單、嫉妒、不安和憤怒呢？性隨便主義者傾向把性關係中的難題否定，對那些複雜而深刻的人類情緒問題裝聾扮啞。性隨便主義也會徹底改變我們對強姦的理解。若性交就如握手，那強姦就如別人強行與妳／你握手，這有甚麼大不了？怪不得有人認為被強姦和手提電話被盜沒有分別。但若強姦和強迫握手一樣，固然不對，但也不是甚麼滔天大罪，那為何社會認為強姦犯罪大惡極，把他們判以重刑呢？從性革命的角度，這不是**歧視強姦犯**嗎？（或許今天我們應把「強姦」這充滿偏見的詞語，改為「非自願性工作」或「非自願的性器官接觸」吧！）

要解放女性先要性解放？

激進女性主義者在性革命中也擔當了重要的角色。她們（如台灣的何春蕤和香港的新婦女協進會）認為所有性規範都是父權社會用來壓迫女性的，要解放女性先要性解放；女性要把握身體及情慾的主權，讓自己不斷釋放自己，釋放別人。我並不反對女性主義本身認可男女平等的基本精神，也同意不少傳統性道德的觀念確實要不得，特別是那些縱容男性欺壓女性的不公平思想。所以我們不應輕率否定激進女性主義者的訴求。

平等並不代表要把所有標準砸碎，我們可以用同樣的標準要求男性，如清教徒和香港的福音派就強調男性也要忠貞。此外，我們要注意女性主義中也有不同派別。她們有些較溫和，也多有反色情和反娼妓的（如安德烈亞·德沃尼克〔Andrea Dworkin〕），她們認為這些都反映男女間極不平衡的權力關係，若不反對只會延續男性對女性的壓制和傷害。

支持性革命的激進女性主義者的觀點有一些基本的問題。她們通常接受女性身分（female identity）是（父權）社會建構的，並沒有女性的本質（essence of womanhood）這回事。但若然如此，為何**必定**要透過性解放去解放女性呢？事實上，有很多女性不認同性解放，她們在不同程度上認同較傳統的性道德觀念（不是三從四德、貞節牌坊那一套），這有時是深思熟慮後自由選擇的結果，而不是基於壓力，甚至她們感到這樣才是「符合她們的真我」（true to their being）。這又有何不可呢？

若激進女性主義者認為不認同她們的女性只是被傳統性觀念**扭曲**了她們的自我而已，那我們要問：「妳為何有權代表不認同妳們的意識形態的女性說話呢？妳為何不尊重她們的自決和自我建構的方法？為何要批評她們？這樣不是把自己獨特的女性身分強加於別人身上嗎？再者，假使所有女性身分都是建構出來的，妳用甚麼標準界定哪些是扭曲？哪些不是呢？假若我們接受較傳統的建構方法，那為何不可以這樣？」

結語

一些性革命的前提，在自由社會裏是很吸引人注意的，基督徒也會深受其影響。我也曾深感困惑，但這些年來的思索令我明白到，這些性革命前提可能只是人們對當時代的偏見。在理性上，其中問題甚多，而性革命意識形態也矛盾重重。這些前提往往源自自然主義世界觀。在上帝已死的後現代世界，自我已成上帝。然而單單高舉自主與自由，卻沒有道德的指引，自我會反被割裂，而人就成為多變的欲望的奴隸。自由也因而變得空洞，生命的意義難以確立。然而人總是會追尋意義的，尤其在極度虛無之後往往狂熱地追尋。到最後性革命好像另一種「宗教」，在這精神空虛的世俗社會中，為性解放運動分子提供價值觀和奮鬥的方向。他們往往由心底的正義感出發，懷著好的動機，但基督教信仰提醒我們，「以別神代替耶和華的，他們的愁苦必然增加」。

註釋

1 另參筆者於《是非、曲直：對人權、同性戀的倫理反思》(香港：宣道出版社，2000)的討論。

基督教的性觀

舊約聖經性觀

劉彼得 香港浸會大學宗教及哲學系副教授

概括而言，聖經對性的基本態度既正面又積極。性是神所賜給人的禮物。然而聖經所論到之個別人物的性表現殊不天真，人往往將性扭曲、濫用。

「性」為何物？

「性」既可有四個解釋，亦包含五種涵義：

a.「性」可指**性別**(sex)：男和女在生物學上的先天差異。

b.「性」可指**性屬**(gender sexuality)：男女各自擁有獨特的氣魄和素質。一般人認為男性具陽剛之氣、主動、有能力；而女性則有陰柔之美、善於回應別人、感情細膩、熱心培育別人。然而陰陽雖殊性，仍可共融，和而不同。這兩種性屬，在創造前已存在，先存於整個生物界中。創世記　章27節清楚說明，神按照自己的「形像」造男造女。祂既有男性特質，亦有女性特質。因此，性屬的特質基本是源於神的。神和天使都有不同程度的性屬(賽六十六13；路十三34)，但沒有性別之分。男人和女人在不同程度上都擁有神的氣魄和特質（林前十一11～12），男女本源於一。然而，我們正活在一個性屬極之混淆的時代，男女都在不斷摸索自己的真面貌。

c.「性」可指**性慾**（erotic sexuality）：性衝動、對性慾的知覺、感覺異性的吸引、覺得對方「性感」和渴求與對方有親密接觸。

d.「性」可指**性交**（genital sexuality）：指性器官的接觸、交媾、有「性關係」等意思。

e.「性」可指**欠缺感**（sense of inadequacy）之意：一種自覺不完整的感覺，一股要向外伸展的動力，催促著我們脫離自我的孤島，與別人接觸，與別人交往，與別人結連。「性」所帶來的*欠缺*，促使*孤獨*的個體與他人／她人建立*好*連繫，組織*好*社羣。

已婚者在婚姻以內所進行的性活動，理應涵括上述幾個層次的解釋。就算在婚姻以外，以上幾個層次的「性」的涵義，亦可在我們的社會上觀察到。有時或許只是某一個層次的性接觸，但有時或許是多個層次的性接觸。本文所論的「性」，既涉及性別、性屬之間的關係，亦探討*性慾*或*性器官接觸*等類的「性」。然而「性慾」、「性行為」和「性對象」，其實皆與更深層的「性屬身分」有莫大的關係。

聖經如何論「性」？

聖經裏對性的表述有二個進路：

1. 以「仿照神形像而造人」為起點

神按自己的形像造男造女，有以下的意思：一、神造二元化的人類之目的，在於把不能知、不能見的神顯明出來。男女之間的關係反映著神的形像；神是三而一的神，祂在不同卻又和諧的位格關係中存在。二、「形像」表示了兩性之尊貴，男性和女性的氣質都出自神的位格、神的本性。三、男女雖然有別，但因著我們裏面各有一條共鳴的絃線，使彼此能夠對對方的本質產生同感，從而產生了解和友誼。有了男性和女性，羣體才得以建立，人類社會才得以形成。人的本質是二元性的（創五2），在神形像的本體裏，我們可找到羣體的發源處。

2. 以「男女始現」為起點 (delineation of the sexes)

未有夏娃前的亞當（Adam）究竟有何屬性？這時的亞當，也許不但具備了男性特質，亦具備了女性特質。但神藉著一神秘手術，在造女人（isha）的同時，亦造了男人（ish）（創二21～23），他們成了有性別和性屬身分的人（創二章）。女人是「登對的助手」。「登對」是指二人無論在身體、社交、靈性方面，都是互相配對，互相補足的（創二18），是相異亦平等的。男性所缺少的，女性可補足；女性所欠奉的，男性可提供。而「助手」一詞並無貶意；聖經亦常提到神作為人的「助手」(出十八4；申三十三7；撒上七12；詩二十2，四十六1)。「助手」乃指能提供對方所欠缺之物，或為對方提供完成事情的力量的人。「幫助」亦可解作「支持」，無論是精神上的支持，抑或是具體處理事務上的支持，人總需要別人的扶持。人類在受造之初，就已需要夥伴的幫助，否則便無法完成神的託付。

3. 以「一體」為起點

由於「那人獨居不好」，故此人不該脫離異性而生活。「獨居」之所以「不好」，乃因人並未完全，未能發揮人所有的潛質，未達其理想及天命，未能成為身心靈均能融會之結合體：一個男女融和合一、無罪阻隔、袒裼裸裎的結合體。

神為人安排了獨一而且合宜的「幫助」。這「幫助」須與那人不同，不然他就只會自戀；這「幫助」亦不能與那人迥異，否則他就無法與之溝通，合一亦無從實現。讓亞當認出夏娃為他的完美配偶、理想夥伴時，他終止了尋覓，因他的缺乏已得到補足了。亞當認為他的配偶非常理想，並因而歡呼：「好啦！這是我骨中的骨，肉中的肉。」意謂夏娃是他的命根，是他的「生命核心」。夫妻關係獨特，有別於其他關係。這關係是排外的、親密的、一生的、有盟約的。

「一體」是神設立夫妻關係所要表達之崇高理想。「性」乃指多元契合：在身體機能上，彼此必須具備身體反應上的協調；在思想上，夫妻要明白對方的背景、對方所關心的事；在感情上，二人情投意合，明白對方的感受；在意志、靈性及人際關係上均需有某程度的配合（創二7～9、15～20）；人生方向、世界觀及價值觀亦須一致（創二21～22）。「二人成為一體」乃指多元契合（創二7～9、15～20），並非一方吞噬了另一方，而是二人同時可自由地作出選擇；在合一中，自己既為主體，亦為客體。這個結合體成了新的個體，並非受制於欲望而去愛，而是在愛中融和合一，是負責任的合一和長期的委身。

性所產生的結連是何等的深，以致兩人若分開便有如被肢解般，痛苦難堪。由是觀之，性的研究不應只著重身體的反應，我們必須從整全的出發點去了解性。所有性行為均有豐富的涵意，所有性行為皆應符合創造者的原意。

性的扭曲

罪入了世界後，兩性關係裂變。這裂變始於他們與神疏離：心本來向著神，如今卻反對神；本來好善，如今卻好惡；本來聖潔，如今卻貪行種種污穢事情；雖能判善惡，卻與神疏遠。與神關係的裂變帶來兩性間關係的裂變：男女各變得自義、自私、自我中心、與人疏離；男女間本該互相吸引，卻變成互相排斥；本該合一，卻變成對立；本該互補不足，卻出現互相矛盾。然而，雖然出現了這些裂變，但由於人仍不失其尊榮，所以人仍渴慕與別人有深入的結連。

正因為人極渴慕與別人有深入的結連，古今中外都有人類對性膜拜的現象。其中最能代表關於性的罪與對生殖能力的崇拜的，就是對巴力的崇拜。以色列人與巴力交易，送出種籽作為奉獻，以期他祝福穀物和牲畜；又在祭祀儀式中與廟妓的交合，獻出自己的精子，以期換取繁殖力。巴力則以增強人的繁殖力來報答人所獻出的精子和對他主權的確認。為此，神審判百姓，「一天就倒斃了二萬三千人」(林前十1、8)。性的扭曲帶來各樣關於性的罪。人若將自己的身體呈露在那股渴望箝制人的幽暗權勢之前，就會被性罪所箝制。人一旦與性罪扯上了關係，往往會不由自主地重複再犯。性罪使我們成了假神的奴隸，向他屈服。凡沉迷於色情幻想、色情書刊、淫穢網頁的，都在增強那些「神」操控我們的力量。有人認為性與愛可以分割的，誤以為性交不會有任何後果，但隨便與人結連的，必定為己為人帶來很大的傷害。這是因為神設計「二人成一體」，讓生命得以結連，「沒有生命結連的性」只會帶來更大的虛空感；而生命結連後的分離，則會使生命被撕裂。

性的得贖

由於在那迫切需要性關係的感覺中，隱藏著對「了解」與「被了解」的渴求，以及對「愛」和「被愛」的期待，人對性的嚮往與內心深處的需要息息相關：有人藉著性滿足自己的權力慾；有人藉著性使自己感到被人接納、欣賞；

有人盼望藉著性將自己的基因傳播四散，以達至自己在這世上永垂不朽；有人藉著性得快樂；有人藉著性炫耀自己的健康、生命力；有人藉著性叫自己不再寂寞。諸如此類的渴求，其實都是因為人想得到神的屬性：全能、尊榮、永恆、全樂、全豐、全愛。說到底，惟有神能滿足人這些渴求，惟有藉著與神、與人建立穩固的關係及生命的結連，人的漂泊、尋覓才能得以終結。救恩既能恢復神人關係，亦能更新兩性關係。兩性若能恢復神的形像，便可與人重建關係、不再孤立、向人開放、接近人；男女可以彼此相愛、彼此信任、彼此順服。

新約性倫理

張略 中國神學研究院副教授

新約承接了希伯來文化一向的觀念，將人當作一個完整的個體。保羅視人的身體不只是人外觀的表達形式和工具，即人不只是有軀體而已，人根本就是軀體，但當然不只是軀體。在哥林多前書六章12至20節，當保羅討論嫖妓的問題時，他指出身子不是為淫亂（*porneia*），而是為著主（六13）；整個人包括身體在內，都是上帝用重價買贖回來的，救贖的目的就是叫人，包括他的身體，去榮耀上帝（林前六20；參十31）。保羅稱身體是聖靈的殿，有聖靈的內住（六19），不許被玷污。

婚姻與正當的性關係

耶穌重申婚姻是上帝自從創造人類以來所創立的（可十6～7；太十九3～6；參創一27，二24），這神聖的婚約是上帝所制定的，是人不能任意破壞的：「上帝配合的，人不可分開。」（太十九6；可十9）縱然在舊約摩西的律法中（見申二十四1～4），容許離婚與再婚，但當耶穌來到，將天國帶來，就是要回復創造時的理想。

「二人成為一體」是指身心靈的交融結合。身體上的成為一，即性交，是整個人的一種獨特的表達。在婚姻中有性交的「一體」關係，是合理的，是美好的，也是理所當然的（林前七3～5）。在聖經中，正當的性行為都是指在婚姻關係之中進行的，就此可以引申說，性關係要在婚姻的保護之下。當夫妻其中一方去世，婚約便正式解除（羅七3；林前七39）；婚姻的關係是屬於今世的事（可十二25）。

新約極重視婚姻的神聖，「婚姻，人人都當尊重，牀也不可污穢；因為苟合行淫的人，上帝必要審判」（來十三4）。無論是已婚或獨身，最重要的仍是服於天國的呼召和權柄之下（太十九11～12）。夫妻間關係的契合是非常獨特的，以致保羅用之類比基督與教會之間關係的奧祕（弗五31～32；林後十一2）。

淫亂與不正當的性關係

新約用「淫亂」（*porn-*）泛指一切不正當的性關係，並將之與拜偶像的行為並列（林前六9），表明其罪之嚴重性。在加拉太書五章19節所列肉體的情慾中，淫亂就居於首位（《和合本》譯作「姦淫」；見林前五1、9～11，六18，七2；弗五3、5；西三5），這與中國人所言「萬惡淫為首」不無相似之處。人不將上帝當作上帝去敬拜，犯罪離開上帝而墮落的結果之一，就是性關係的混亂及扭曲（羅一18～27）。

保羅勸勉信徒要逃避淫亂的行為，因為「行淫的，是得罪自己的身子」(林前六18)。不論是與娼妓、廟妓進行的或是其他婚外的性關係，都是得罪自己的身體。因為信徒的身體是聖靈的殿，是上帝用重價買來的，應是完全屬於上帝的(林前六20)，並且是與基督聯合，是基督(身上)的肢體(林六15、17)；若與娼妓聯合就是與她成為一體(林前六16)，成為娼妓的肢體(林前六15)，這便是得罪基督的肢體、自己的身體。

1. 亂倫

在新約中，只有一處地方提及亂倫，保羅指責哥林多教會中有人「娶了他的繼母」(林前五1)，這極可能發生在這人的父親去世之後。保羅稱這種關係為「淫亂」(*porneia*)，是不能接受的性關係；這種罪是可恥的，連非信徒也不會如此行。

2. 姦淫

雖然新約作者未有清楚的定義何為「姦淫」，但大概是指與自己婚姻配偶之外的異性發生的性關係。婚姻關係中性關係排除第三者的特性，可見於夫妻雙方所分享的權利和責任(林前七3～4；參六9)。

耶穌指出在上帝眼中不是所有的離婚案件都是有效的，一紙休書並不代表他們之間的婚約已經解除(參申二十四1～5)，正因如此，除非其中一方犯了姦淫而自毀婚約，否則離婚案件中的其中一方再婚，都可構成姦淫，因為這是侵犯了原來婚約授予雙方的那種「一體」的特權（太五31～32，十九3～9；可十11～12；路十六18）。

3. 嫖妓

保羅並不如很多現代人般，將性慾的發洩看作如食慾般必須得到滿足。但當時哥林多的信徒中有受到靈智派思想影響的，他們認為身體本來就是不重要的，最重要是靈魂得悟，人可以自由地使用自己的身體，包括找娼妓去發洩性慾。保羅針對他們指出這種婚外的性行為是不能接受的，是罪及自己的身體（林前六18～20；參上文有關「淫亂」的解釋）。

4. 同性戀

新約中大部分有關同性戀的教導，都出自保羅書信。羅馬書一章26至27節中，將男同性戀與女性變態（女同性戀？）看為是違反了創造的秩序。哥林多前書六章9節的罪惡綱目中，保羅以類同的方式表示同性戀和性變態是不可接受的，是一個信奉耶穌基督的人所必須摒棄的行為（林前六11；參提前一10）。

禁慾主義與獨身

哥林多前書七章1節記載「男不近女倒好」，這是哥林多教會中有人提出來的意見，因為他們中間有人認為得救代表婚姻中性關係的結束。保羅則強調性關係是婚姻中不可缺少的一部分，是夫妻間彼此依附的表達(參林前十一11)。夫妻間有性關係是正常的，若然決定分房，必須附合以下條件：一、彼此同意；二、是暫時的安排；三、為了宗教上的目的(林前七5)。

至於選擇獨身的人，可能是因為有從上帝而來更高的呼召(太十九12)，或有從上帝而來的恩賜(林前七7)，又或是在一些特別的境況下經嚴肅的考慮選擇了獨身，以致能更專心地服事主(林前七32～35)。在正常的情況下，性的欲望應在婚姻關係中得到滿足，而獨身是惟一的例外，並非因為要禁慾，而是出自上帝的特別安排。

總結

在新約教導中，只有在異性婚姻中的性關係，才是理所當然的。一切在婚姻以外發生的性關係，都是犯了淫亂的罪，是人不服於上帝所訂下的創造秩序的表現。

基督教與性：教會歷史寶鑑

吳國傑 香港浸信會神學院助理教授

早期教會對性的觀念，與今日有很大分別；不同人對這些性觀有不同反應。傳統基督教史家如優西比烏(Eusebius)和巴拉丟(Palladius)等，均對初期信徒的禁慾表現大加稱許。然而啟蒙時期以後的世俗史家如吉本(E. Gibbon)和霍斯(R. Lane Fox)等，則對傳統性觀極力貶斥。隨著教會和世俗史家增加對話，這兩極分化的情況已得緩和。現代歷史學家每每會避免以現今價值觀批判早期基督徒的表現，強調探索埋藏於早期信徒心中的思想及根源，重視以同情的心態從研究對象的眼光看事物。

初期教會基礎

因著希羅和猶太的克己思想的影響，加上對一些新約經文如馬太福音十九章10至12節和哥林多前書七章6至9節的禁慾詮釋，初期教會信徒普遍傾向禁慾，對性採取較負面的立場。使徒教父伊格那丟(Ignatius of Antioch)強調信徒要擺脫情慾的轄制，追求無情無慾，夫妻性愛愈少愈好。《黑馬牧人書》(*The Shepherd of Hermas*)更鼓吹基督徒守獨身，已婚夫婦應盡量禁慾。護教士柔斯丁(Justin Martyr)相信守獨身是聖潔的持守，聲言教會中許多保留童貞者的存在，是基督教真理的彰顯。他提安(Tatian)認為亞當原與屬靈的神聯合，墮落後才與屬肉體的妻子聯合，顯明性愛屬於敗壞的景況，人類應放棄性交，即使是婚姻中的性行為也應避免。亞典拿哥拉(Athenagoras)揚言性愛的目的只為繁殖後代，守童貞能與神有更好的聯合。

延續使徒教父和護教士的思想，初期教父亦負面地評論性愛。特土良(Tertullian)認為淫亂的問題在於女性，呼籲婦人要衣著謹慎，以免誘發旁觀男士的情慾。居普良(Cyprian)明言獨身是比婚姻更超然、更美好的生活方式。俄利根(Origen)認為禁慾和受苦，跟殉道一樣有助洗除罪污，難怪他一生克己。俄利根的敵對者麥托丟(Methodius)在性愛方面的立場也跟俄利根相近，教導獨身者將會是基督新婦中，領先進入基督新房的一輩。

基督教因君士坦丁(Constantine)成為合法宗教後，對性愛的觀念沒有多大改變，且禁慾傾向有加強的趨勢。與柔斯丁類同，亞他拿修(Athanasius)視獨身為基督大能和教會真理的明證。屈梭多模(Chrysostom)強調夫妻兩人均須在性愛上堅守忠誠。在初期教會中，對大公教信仰影響最深的是奧古斯丁(Augustine)，他雖視婚姻為一切社會關係的基礎，但又視情慾(尤其性慾)為傳播罪的主要媒介，如此就為後期教會的禁慾現象，立下穩固的神學基礎。

對應教父們的神學思想，初期教會的受苦與修道主義迅速發展。主後二、三世紀，信徒多在城鎮的家中進行苦修操練，拒絕一切享樂。安東尼(Antony)將修道地點由城鎮轉到沙漠，開始獨居式的修道。由於實際需要，沙漠修士們開始聚集一起，互相學習和照顧，據稱以阿捫(Ammun)為首的修道羣體人數不下五千。一般相信，帕科繆(Pachomius)是修院式修道的創始人，他以畢生的精力建立了九所(七所為男性，兩所為女性而設)修道院，為修士生活制定規條，跟隨他的修士約有三千。經過教會領袖如亞他拿修和耶柔米(Jerome)等的推廣，修道主義急促向西方擴展。最後，本篤(Benedict of Nursia)為西方的修道主義訂立著名的章則，成為西部修會模範，影響延續至中世紀；值得留意的是《本篤法規》有四大原則，分別是貧窮、獨身、服從和持守，禁戒性慾是當時修士們必守的法規。

中世紀的發展

因著上述初期教會的禁慾思想，東方教會在四世紀已開始禁止神父或執事結婚，惟容許已婚男士在按立授職後繼續維持婚姻。主後六世紀，東西方教會都要求所有高級神職人員守獨身，若一已婚男士被選立，他要將妻子安置在遙遠的修院中，終止婚姻親密的關係。這規例一直世代相傳，延續至中世紀亦未有大改變。當時的信徒相信短暫的人生是特為永恆的生命而預備的，信徒應在其中接受磨練，學習順服神，避免受肉體情慾吸引，好能順利得著永生。他們雖然認同性愛的享樂是神所賜的恩典，並不是罪，但他們堅持基督徒絕不可以享樂為目標；性愛會誘導人專注肉體、離棄神，所以應加以禁制。

中世紀時期，較突破的思想是來自多馬士·亞奎那(Thomas Aquinas)的。比起當時教會，他對肉體的價值採取較正面的態度。他認為肉體乃為操練靈魂而設，為的是幫助靈魂學習行出屬靈的特質，也就是愛和認知。靈魂與肉體是不能分開的，靈魂若脫離肉體就不能行動，因此靈魂若要學習愛神，就得與肉體一同追求。換言之，即性愛是學習愛神的其中一項操練。然而，雖然亞奎那在中世紀備受尊崇，他在性方面的思想仍不為當時人所注意。

隨著教廷內禁慾思想的延續，不同修道羣體在不同時代逐一興起，為修道運動帶來復興。十世紀初克呂尼修會(Cluniacs)出現，嚴格遵守強化禁慾觀的本篤修道規條。十一世紀末西篤修會(Cistercians)產生，強調過簡樸生活，克己遠超其他修院。十三世紀方濟會(Franciscans)成立，強調效法基督服事人羣；同時又有道明會(Dominicans)興起，重視傳揚真道；這兩個修會都堅持貧窮和刻苦。由於修士們都要持守獨身，所以修道會的興盛印證禁慾思想流行於信徒間。

宗教改革轉變

因著社會意識形態的改變和對天主教的反動，禁慾的情況在宗教改革中得著改善。馬丁・路德（Martin Luthcr）反對教廷強迫神職人員守獨身，他以婚姻比作基督和教會的聯合，又將性愛與污穢分開；他認為性行為的對錯，在於它是否合宜，合宜的性行為必須存在於婚姻之內，非出於欲念，且順從男女自然本性，能繁殖後代。加爾文（John Calvin）同樣反對以獨身為聖潔，他對性的立場比路德更正面：他認為生產繁殖（包括其中必須的性愛）是神給人的命令，始祖交合才使其人性完全；然而他仍堅持性必須在婚姻之內，只有夫婦才能做到聖潔的交合。

由於這些改教領袖的影響，主流基督教派如路德宗和改革宗等，都反對強迫神職人員守獨身。他們認為聖潔與獨身無關，性愛本身並沒有罪，性罪惡的產生在於人心裏的情慾歪念；因此必須以婚姻將性愛引入正軌。由於婚姻能在性罪惡上產生防治作用，這些宗派普遍認為婚姻比獨身好。

然而這立場並非所有新教信徒均一致接受的，各走極端的情況亦見存在。一方面有些重洗派（Anabaptists）人士將性交靈意化，視之為對神的順服；更有些極端的人將性交視為一種神聖的聖禮，鼓勵信徒互相交合。另一方面清教徒（Puritans）認為連繫於性愛的欲念是當受責備的，基督徒應努力追求沒有情慾的性生活；部分敬虔主義者（Pietisms）更認為性愛與信心生活不相融，使人對神失去興趣，應加以禁止。

總結與反省

由於篇幅有限，筆者暫時未能進一步探討近代的神學發展。總結以上的歷史巡覽，我們不難發現人們對性愛的觀念受著許多因素影響，當中包括主流的神學意念、個人的宗教委身、時代的社會文化及領袖有力的帶動。面對時代變遷，基督教在社會的地位邊緣化，對文化的影響力減弱，要改善和影響今日的性文化並不容易；前人的道路可給我們甚麼啟迪？

雖然我們未必能走回頭路，過去的禁慾思想我們亦不可照單全收，但若細心思想，教會歷史的經驗對我們仍很寶貴。既知羣眾的性愛觀念受哪些因素影響，我們可如何在這些方面努力呢？當日禁慾思想能到處流行，皆因它能適切當時人的需要，今天世人的需要又是甚麼？有哪些合乎真理的性愛思想可以適切他們？當日的修道主義成功被廣傳，是因修士們的真實見證，與及《安東尼傳》（*Life of Antony*）的有力描述，今天正確的性愛觀能如何被廣傳呢？我們有哪些動人的見證？有哪些可用的有力宣傳方法？電影還是互聯網？若我們不斷思索，教會前人的經驗必能給我們很大的啟發和幫助。

潘霍華對男女的看法：以《創世與墮落》為焦點

鄧紹光 香港浸信會神學院副教授

界限與自由

在潘霍華的神學思想中，界限與自由是一對十分關鍵的概念，簡單來説，只有限界才能讓人確立自己而為自由的。這裏的自由，「並非人的品質，並非一種深藏於他的身上而以某種方式躍動的能力、資質、秉性」，[1]「而是一種關係……它是兩者之間的一種關係。自由意味著『為了他人而自由』(frei-sein-für-den-andren)，因為他人將我與他自己聯繫了起來。只有通過與他人的關係我才是自由的」。[2]

他人就是我的界限，沒有他人這界限，我不可能經歷這為他的自由，卻只會囚禁在自我的封閉世界裏頭。因此，在我以外的他人就成了我走出我自己而得自由的條件。這裏要注意的是，走出自己並非為要征服、控制、主宰他人，如果真有這種舉動，那就既逾越界限，亦否定自由。界限必須在那裏，他人這界限使我明白自己的位分、性分，只有在限界底下，我才能真正活出自己的本性。因此，我就有責任在這一界限面前承認其存在，並致力維護他人的界限。

是以，潘霍華指出，人不是孤獨的。上帝造人，乃是造男造女。「人不是孤獨的，他處在二元狀態(zweiheit)，**在這種對另一個人的依附狀態中蘊含著人的被造屬性**(Geschöpflichkeit)。」[3]

上帝所創造的男女關係

潘霍華在解釋創世記二章18至25節時，表達了他對上帝所創造的男女關係的看法。上帝為甚麼要創造夏娃？這要回到創造女人的記述來了解。夏娃是從亞當而出的，她是男人骨中的骨，肉中的肉，這就表明「他們從原初以來便是一體的」，[4]不能互相分割；這是表明上帝命定男人與女人是一體的，只是，沒有相互差異的個體，如何能有一體？因此，耶和華從亞當的身體中取出一根肋骨，創造了夏娃，一個有別於男人的女人。

但差別並非終局，經文說「二人成為一體」，潘霍華指出：「他們原初以來便是一體的，只有通過成為一體才會復歸原初。」[5]可是，復歸一體並非「二者之交融，絕非他們作為個體的被創造物品格的抵銷」。[6]反之，乃是在保留差異的大前提底下所實現的「成為一體」，「是相互從屬之最終的可能的實現，這種相互從屬恰恰是建立在他們相互差異的基礎之上的」。[7]

換句話說，潘霍華對「二人成為一體」的解釋，乃持守著界限的原則，以防止一體成為消融差異的一體，所要建立的一體乃是具有差異的一體，並且進一步說，這一體乃是建基於差異的。而正是從持守界限的原則的角度，潘霍華賦予「夏娃是亞當的『幫手』」這一說法更深的神學意義。

潘霍華這樣說：「女人之所以成為男人的幫手在於承載加給他的界限」、[8]「幫助我們承受我們的界限」。[9] 為甚麼女人能夠幫助男人承受他的界限？這是因為女人出於男人，是男人所愛的：「這一幫手既是亞當界限之肉體化，同時也必然是他愛的對象。這就是說，對女人的愛應是人的（最本質意義上的）生命本身。」[10] 女人，同時是男人界限之具體化，以及愛的對象，這就可以理解「女人能夠幫助男人承受他的界限」的意思。只有在愛裏才能輕易承認、接受、尊重這界限，相反，若在恨裏，卻會佔有、消滅。因此，女人對亞當而言，乃是上帝的恩典。[11]

潘霍華說得十分仔細：「……知道另一個人乃出自我、出自我的生命，並且願意愛他及被他所愛因為這另一個人是我的一部分……愛一個人幫助我去承受界限。另一個人是上帝為我所規定的界限，我愛這界限並為了愛的緣故而不會跨越它。這就是，保持為二*體*的這兩個人作為上帝的創造物成為一*體*，即他們在愛之中相互從屬。自由和被創造物品格由於創造了另一人而在愛之中聯結了起來。」[12]

墮落後的男女關係

墮落就是僭越界限，「一旦界限遭到逾越而對抗上帝，同時也必定會在創世之內產生逾越界限的情況。對界限的每一次逾越必然同時意味著對另一個人之被創造物品格的侵犯」。[13] 逾越界限從而使得界限消失，「**隨著界限的喪失，亞當失去了他的被創造物品格**」。[14] 界限原來是上帝的恩典，具體展現於女人身上而為男人所愛，可是，一旦男人要逾越界限，也就表明他對界限的憎恨，這樣，界限就成為分裂線。「他不再是懷著愛看這另一個人，而將她看成與他對立之在，看成分裂。」[15]

分裂，就表示撤除界限，破壞一體。分裂之後就是侵佔、消滅。男人從原來的愛、尊重轉為恨、僭越，他不再視出自自己的女人為界限，他視之為障礙、限制，而要克服、否定。因此，分裂意即由差異所建立起來的一體遭受破壞，既破壞一體，也撤除界限。然而，撤除界限目的就是僭越界限，以求建立以我為主的一體。男人訴諸於女人出於自己；我有份建立他者，故此我有權宣稱擁有他者。[16] 於是，乃有佔有，無限界限制地佔有另一個人的舉動。

潘霍華指出「人對另一個人的欲求最初表現在性慾上，逾越界限的人的性慾就是不願承認任何界限，就是無節制地要求成為不受限制者」。[17] 這是一種透過剝奪他人被創造的本性來實現自己的舉動。他「要求在分裂的世界達到統一」。[18] 潘霍華稱這種要求為一種嗜慾性的、無力的意志。

其為嗜慾性的意志，乃在於他要無節制地越過界限而成為不受限制者以尋求一體，這一體原是上帝所命定的，可是現在已經因墮落而扭曲。其為無力的意志，乃在於「因為人隨著其界限的喪失而最終失去了另一個人」，他所達至的統一是虛假的，結果，他不單失去了另一個人，也同時喪失了自己。他那種表面看來好像強力的意志，實質只是軟弱無力的，他那無節制的性慾，「是對自我本身的肯定，直到自我的消滅」。[19] 事實上，自我的肯定，即同時是自我的消滅，因為在當中，男與女的受造本性，在逾越界限的過程中，全然破壞、沉淪，而無能活出生命的自由。

註釋

1 D. Bonhoeffer, *Creation and Fall*, trans. D. S. Bax (Minneapolis: Fortress, 1997), pp. 62～63；朋霍費爾著，王彤、朱雁冰譯：《第一亞當與第二亞當》(香港：道風書社，2001)，頁138。

2 Bonhoeffer, *Creation and Fall*, p.63；《第一亞當與第二亞當》，頁138。

3 Bonhoeffer, *Creation and Fall*, p.64；《第一亞當與第二亞當》，頁139～140。

4 Bonhoeffer, *Creation and Fall*, p.97；《第一亞當與第二亞當》，頁165。

5 Bonhoeffer, *Creation and Fall*, p.97；《第一亞當與第二亞當》，頁165。

6 Bonhoeffer, *Creation and Fall*, pp.97～98；《第一亞當與第二亞當》，頁165。

7 Bonhoeffer, *Creation and Fall*, p.98；《第一亞當與第二亞當》，頁165。

8 Bonhoeffer, *Creation and Fall*, p.98；《第一亞當與第二亞當》，頁165。

9 Bonhoeffer, *Creation and Fall*, p.99；《第一亞當與第二亞當》，頁166。

10 Bonhoeffer, *Creation and Fall*, p.98；《第一亞當與第二亞當》，頁166。

11 Bonhoeffer, *Creation and Fall*, p.99；《第一亞當與第二亞當》，頁166。

12 Bonhoeffer, *Creation and Fall*, p.99；《第一亞當與第二亞當》，頁166。

13 Bonhoeffer, *Creation and Fall*, p.118；《第一亞當與第二亞當》，頁181。

14 Bonhoeffer, *Creation and Fall*, p.115；《第一亞當與第二亞當》，頁178。

15 Bonhoeffer, *Creation and Fall*, p.122；《第一亞當與第二亞當》，頁184。

16 Bonhoeffer, *Creation and Fall*, p.99；《第一亞當與第二亞當》，頁166。

17 Bonhoeffer, *Creation and Fall*, p.123；《第一亞當與第二亞當》，頁185。

18 Bonhoeffer, *Creation and Fall*, p.123；《第一亞當與第二亞當》，頁185。

19 Bonhoeffer, *Creation and Fall*, p.123；《第一亞當與第二亞當》，頁185。

性人：一個神學反省[1]

鄭順佳 中國神學研究院副教授

若然人沒有生理上的性觸覺(sexual touch)和性刺激(sexual stimulation)，甚至如電影《天使多情》中的天使，沒有觸覺；若然人沒有性衝動(sexual drive)和慾情(eros)，正如同視力正常的人沒有「瞎眼慾」；若然挑起眼目的情慾的胴體，全都變成了生物學上的細胞和肌肉組織，甚或掛在菜市場攤檔的肉排，以斤兩計算，性倫理則用不著了，因為色情刊物只不過是超級市場的豬肉廣告，若不連同其他減價優惠一起刊登，人也懶得花時間翻閱，何來龐大的銷售市場？但問題是人有身體，且是帶著性特質(sexuality)的身體。

傳統哲學和神學對人的反省，偏重人的心靈，身體只不過是附屬品，是心靈運行所需的工具而已。哲學上主體的轉向以主體或意識來定義人，無論是思維主體、經濟主體、權力意志主體，盡皆如此。海德格批判孤立的主體，把主體置於此在的世界，與他人一起的世界，卻仍是身體欠奉的主體。語言轉向下的主體也如是。不是這些哲人否定身體，只是他們把注意力全集中於主體，彷彿身體只具「生命中無比的輕」。若配以「那殺身體不能殺靈魂的不要怕它」，又或「操練身體益處還少」的聖經金句，幾近須為身體譜奏哀歌。若神學不以身體為反省的課題，又何以建構具性特質身體的人觀？那麼性倫理只會如遊魂野鬼般飄浮，尋不著安頓之所！

有見及此，人作為性存有的神學反省，是亟待開墾之地。以下只是一個嘗試，一個摸著石頭過河的起步，河水會否過深，尚未得知。基於聖經的神學反省，可得出人在形式結構（formal structure）上是具五個層次的本體存有，層層累積：

a. **人首要是與上帝關係中被造的存有**（creaturely-being-in-relation-with-God）。人與上帝必然有聯繫，無論人相信上帝與否。人恆常臨在於上帝跟前，面對祂的問責。簡單的說，就是我未信上帝之時，我也得向祂交代，例如祂使我的良心監察著我。

b. **人是具性特質身體的存有**（being-with-sexual-body）。人不單「擁有」（have）身體，更「是」（is）身體，意即身體有份於構成其存有，這身體且是具性特質的身體。人所擁有的許多東西，都可以是身外物，或說是心外物。不過人之所是，卻關乎人的生命存在，而性特質正是人之所是。當然，靈魂也有份於構成人的存有，也是人之所是。人是靈魂與身體理序上合一（soul and body in ordered unity）的存有。簡單的說，我擁有性特質的身體是構成我之為我的元素，我的樣子，我的性衝動，都有份構成我的身分、我的自我觀、我的生命存在。就是在人出生之時，護士報信的內容或會是：

「是個女的，母女平安」；初生的性（natal sex）往往是人被賦予的首項身分。

c. **人是與異性關係中的存有**（being-in-relation-with-opposite-sex）。人是男或女、男與女二性分化（sexual differentiation），彼此互為「他者」（the other），相輔相承。男與女的關係性比馬丁・布伯（Martin Buber）的「我與你」關係性更基本。男女之分化，絲毫沒有標籤化的含意，男與女可自由地發掘和發揮自身的性特質。人與「他者」關係性的重點，在於反對自足的人性，也反對以一己的主體性吞噬他人的主體性。人在與異性他者的相遇中，方才全然與自己相遇，發現、認識和面對自己的真我。簡單的說，我並不是啟蒙時代所宣告的獨立、自足的我，那只是創造個人主義悲劇的神話。在基礎的層次，在與異性相交中，我方能發現、確立和實現這性特質的我。

d. **人是與具性別同儕關係中的存有**（being-in-relation-with-fellow-sexual-humans），大家彼此回應，構成人的共人性（co-humanity）。人在社會中的多重人倫關係，全屬第二序，而第一序是性特質的男女關係。人的性特質內在地導向盟約關係，從而衍生人倫關係。甚至同性的相交，例如男子足球隊的組成，也建基於與異性的關係性結構之上：因為與我相交的同性是與異性關係中的同性，例如大家有以異性為共同的話題。因著人的共人性，人認定同儕為不可馴化的和對自己發出道德要求的「他者」。簡單的說，活在「我是塊石頭，我是個孤島」（I am a rock, I am an island）景況中的人，所過的並不是合乎人本性的生活。

e. **人是與他者關係中的主體存有**（being-as-subject-in-relation-with-the-other）。換言之，人的主體性是在關係性中確立的，人的主體性與人的關係性同起同滅。人的主體性包括人的自我意識和對自我以外的意識，人能自由地演繹自身的存有，人具有一定程度的自主性和建構意義的能力，人在相互主體性與他者的陌異性中確立其主體性，人能超越個別關係來審察自身的存有。簡單的說，我之為我是因著有你之為你與我相交，你對我而言是既熟識又陌生的，你有助喚醒我，叫我知道我是我，叫我認識我是誰，使我之為我。

當然以上只是屬本體層次的討論，人還須面對現實。在現實層次，人是實存地陷在罪中的存有（being-existentially-in-sin）。縱然如此，人的形式結構仍是不變的，只是質料內容（material content）被扭曲。例如在內容上人是禮物的存有，惟有獻出自己才能成全自己，如聖經中麥子落在地裏的比喻，可是活在罪中的人，往往卻是自我中心，把獻出自己的生命方向顛倒過來，自我中心、自我欺騙、自我迷戀，使他人成為滿足自我的工具。這扭曲在性方面尤其顯著。

但願這性特質人論的芻議，能為建構性倫理開出一條可行的路，並與當今思潮對話。

註釋

1 詳見鄭順佳：〈「性人」──對人作為性存有的神學反省〉，載《中國神學研究院期刊》，第三十一期（香港：2001年7月），頁13～36。

基督教的婚姻觀

葉敬德 香港浸會大學宗教及哲學系助理教授
應用倫理學研究中心副主任

我們是活在一個離婚率高企的社會裏，二〇〇一年香港有13,388對夫婦離婚，相比於3萬多對結婚的新人，差不多每2.4對新人結婚，便有1對已經結婚的夫婦離婚。按此，或許有人認為婚姻制度的黃金時期已經逝去；亦或許有人認為婚姻制度將會崩潰。

斯坦利．侯活士(Stanley Hauerwas)卻告訴我們，離婚率高企並不表示婚姻制度會崩潰，因為好些人離婚後會再婚。而且，儘管好些人不註冊結婚，但他們仍選擇「一夫一妻」的同居生活，而同居也是婚姻的一種形式。所以，婚姻制度並沒有因為離婚率高企而崩潰。[1]

海倫．奧本海默(Helen Oppenheimer)亦告訴我們，正如鄧斯坦(G.R. Dunstan)及羅納德．弗萊徹(Ronald Fletcher)分別指出，在人類歷史上，從來就沒有甚麼婚姻制度的黃金時期。[2]由於從前人類的平均壽命很短，好些人的配偶會因為種種的原因早逝，而配偶的離世往往令他／她們在一生中經歷好幾段婚姻。況且，由於沒有有效的避孕措施，好些人在婚後不久便生兒育女，而養育子女則會令夫妻失去培育感情的時間和空間，所以從前好些人的婚姻生活不但短促，而且夫妻之間也不會期望有很高的感情質素。但是，隨著現代科技的發展，人類的平均壽命不斷延長，今天好些人都期望自己能夠擁有五十年或以上的婚姻生活。而且，隨著有效避孕工具的出現，好些人都會實行計劃生育，甚至有些夫婦會選擇不生育，於是夫婦間便會有多些時間和空間來培養感情的質素。因此，現代人對婚姻生活的要求遠遠高於從前的人。但由於好些婚姻都不能夠滿足雙方的期望，所以，難怪會有好些離婚個案的出現。[3]然而，離婚率高企並不表示人類放棄對婚姻的期望。此外，如果人類果真能夠擁有五十年或以上高素質的婚姻生活，或許我們正進入婚姻制度的黃金時期。

在希伯來聖經創世記第一章的祭司典中，第27至28節記載神照著自己的形像和樣式造人造男造女。在這兩節經文中，我們看見的是一幅男女平等的圖像。顯示神建立婚姻制度，是希望男女平等相處。而且，神吩咐人要生養眾多，顯示神期望人透過婚姻制度生兒育女。

創世記第二章的耶和華典中，記載女人是神從男人身上造做出來的，表達了二人合而為一的關係。存在於夫婦之間的，是一種不能分割、彼此連結的關係。因此，基督教認為存在於夫婦間的，應該是一種終身廝守的關係。

創世記首兩章均強調夫婦獨特的關係。神宣告祂的創造都是好的；婚姻是神所創造的，也應該是美善的。[4]所以，除了有獨身恩賜的人外，任何人也都擁有建立美滿婚姻的能力，因為這是神賜給人普遍的恩典。

然而因為人的墮落，令人不能夠活出神要求人達到的理想，導致了兩性間彼此的壓迫和剝削。[5]

雖然婚姻制度存在於一個不斷被罪所侵蝕的父權社會，但從希伯來聖經的記載，我們仍然看見神對婚姻的要求。雅歌告訴我們，夫妻間應該存在著一份充滿激情的愛。而希伯來聖經的其他作者們亦往往以夫婦的關係為類比，以反映神與以色列的關係，顯示神認為人類應當重視婚姻關係。根據聖經的記載，雖然以色列不斷背叛神，但神卻忠於祂與以色列所立的盟約，一直沒有放棄以色列。所以，人類應該委身於自己的配偶，忠於婚姻的盟約。或許我們仍然未能夠活出婚姻的理想，但神對婚姻盟誓的要求卻不斷為我們的婚姻生活帶來挑戰。[6]

在新約聖經中，雖然以弗所書五章是一篇以父權為中心的篇章，在教牧實踐方面可能有很大的限制，但它卻告訴我們婚姻的關係預示了基督跟教會的關係。

此外，縱使哥林多前書七章是一段不容易明白的經文，但我們仍然看見，保羅並沒有在此視婚姻為惡事（28節），更認為婚姻的目的是為了防止姦淫（2、8～9節）。然而，由於受了那相信末世快要到來的思想影響，保羅認為守獨身能夠令人擺脫婚姻的纏累，叫人只為主的事掛慮，可以專心殷勤服事神（25～35節）。

保羅的看法顯示，由於初期教會相信神的國度會很快來臨，因此，婚姻神學並不是早期信徒關注的核心。他們所關心的是如何預備自己迎接神國度的完全降臨。

但是，縱使婚姻並不是早期教會關注的核心，早期教會卻仍然以夫婦關係類比基督與教會間的關係，並視此為極大的奧祕。而由於存在於基督與教會之間的是愛的關係，所以，存在於夫婦間的也應該是一種愛的關係。[7]

公元一世紀末，由於耶穌基督並沒有像早期信徒所期望般再來，信徒便要面對日常生活中的種種現實。但是，由於教會很早便受到二元論的影響，視身體跟靈魂是二元對立，並以否定世界及其中享受的退隱式生活為最高的理想，因此我們亦不難理解教會信徒嚮往獨身的原由。俄利根(Origen)是公元三世紀初亞歷山大神學學派的一位領袖，他強調人應該持守獨身，婚姻只是人類為了延續後代而作出的讓步。因此，當時的教會領袖並不容易明白婚姻是神原先計劃的一部分。[8]

但是，公元四世紀的奧古斯丁卻認為，婚姻是神原先計劃的一部分，因為神宣告祂所創造的都是好的，所以婚姻也是好的。奧古斯丁相信，在人類墮落前，婚姻的關係並不存在著激情的行動，而這些沒有激情的行動亦可以達到生育的目的。然而，奧古斯丁亦相信，男女在墮落前並沒有發生性行為，因為神沒有吩咐他們這樣做。而由於他們也沒有被激情所控制，所以亦沒有生育的理由。他們只會靜待神的旨意，等候神的吩咐。[9]

奧古斯丁相信，人類犯罪給夫婦的關係帶來了轉變。女人因為犯罪而要在痛苦中生產、戀慕她的丈夫，並讓男人成為家裏的領導人。由於戀慕是懲罰的一部分，是人犯罪所帶來的刑罰，因此，人不應該享受身體的親密。

而由於奧古斯丁對身體的性慾抱著懷疑的態度，亦令他視婚姻本身為罪來源。[10]

然而，由於奧古斯丁相信神宣告婚姻是好的，所以，他亦認為婚姻是好的。而根據他的了解，婚姻有三個好處，分別是貞忠、後裔及聖禮。

奧古斯丁相信，夫婦在性方面的貞忠，是婚姻的第一個目的。從消極方面看，這是為了防止淫亂的事。而新約亦清楚承認，婚姻是對性慾的調節。性的忠誠亦可以為我們帶來穩定的生活。

第二，奧古斯丁認為，婚姻會為人類帶來後裔。如果神的工作要延續，便要藉著婚姻產生人類，以治理神創造的世界。

第三，奧古斯丁視婚姻為一種聖禮。他認為夫婦應該彼此委身。夫婦的連結是一種見證，可叫人看見他／她們美好的生活。[11]

因此，基督教堅持一夫一妻的婚姻制度，並且視夫婦彼此的貞忠、生兒育女及終身廝守為締結婚姻盟約的目的。存在於夫婦間的，應該是一種彼此委身的、愛的關係。當代人亦認為婚姻是由夫婦間的愛所維繫的，但問題是：這是怎麼樣的一種愛呢？夫婦間如何能夠增進彼此間的愛呢？[12]

註釋

1 Stanley Hauerwas, *A Community of Character: Toward a Constructive Christian Social Ethic* (Notre Dame: Notre Dame University, 1986), p. 156.

2 詳參G.R. Dunstan, *The Family is Not Broken.* (London:SCM, 1962). R. Fletcher, *The Family and Marriage* (London: Pelican, 1973)。

3 Helen Oppenheimer, *Marriage* (London: Mowbray, 1990), pp. 2~4.

4 Thomas M. Martin, *The Challenge of Christian Marriage: Marriage in Scripture, History and Contemporary Life* (New York: Paulist, 1990), pp. 22~26.

5 Martin, *The Challenge of Christian Marriage*, pp. 26~27.

6 Martin, *The Challenge of Christian Marriage*, pp. 27~29.

7 Martin, *The Challenge of Christian Marriage*, pp. 33~40.

8 Martin, *The Challenge of Christian Marriage*, pp. 59~61.

9 Martin, *The Challenge of Christian Marriage*, pp. 62~64.

10 Martin, *The Challenge of Christian Marriage*, pp. 64~65.

11 Martin, *The Challenge of Christian Marriage*, pp. 66~67.

12 可參Margaret A. Farley, *Personal Commitments: Beginning, Keeping, Changing* (San Francisco: Harper & Row, 1986). John C. Haughey, *Should Anyone Say Forever: On Making, Keeping, and Breaking Commitments* (Chicago: Loyola University Press, 1975)。

自慰行為的初探

徐志強

引言

自慰也稱為手淫，是指用手或其他方法刺激性器官而產生性興奮，以求產生快感和滿足。[1]廣義上它包括對生殖器、乳房、肛門等進行刺激並伴有性幻想的一切行為。[2]自慰在今天的社會裏是一種最普通的自我性行為。根據金賽(Alfred Kinsey)的數據，在四十年代的美國，92%的男性和58%的女性有自慰行為；一九七四年的調查顯示，94%的男性和63%的女性曾有自慰行為；到了八十年代，這個比率繼續上升，約四分之三的青春期女孩曾自慰，另外還有10%的女性在二十歲以後自慰。最新數據顯示，成年人中無論男女，自慰行為的發生率都在90%以上。上述數字表明，自慰是人類性活動的重要方式。雖然如此，從古代以來自慰一直都被認為是不道德的，甚至有古老的教導說：「如果你發瘋，那是因為手淫的緣故。」[3]而且自慰多被認為是不堪啟齒、猥褻、不道德的行為，會產生犯罪及焦慮感，亦可能對自己的身體健康構成影響，甚至影響日後的性能力。[4]因此這行為雖然是普及化了，但在宗教及道德上仍存在一定爭論，就算贊成自慰的人也認為不宜過度，而這篇文章正是要討論自慰行為。

提倡自慰的觀點

近年之醫學研究都認為自慰並沒有任何負面的影響，而更多的團體、甚至政府都刻意提倡這方面的性活動，他們所持的理據是甚麼呢？

a. 現代的醫學研究都說自慰是健康的，因為男孩從十四歲至二十歲性慾最強烈，因此青少年時期可用自慰來作為紓緩性壓力的辦法，至少比婚前性行為或嫖妓都好。

b. 對女性來說自慰可以紓解對性的緊張，而且無須感情的牽絆，一個人就可以做，當伴侶無法滿足自己時可以自得其樂，更不必擔心會被傳染性病及懷孕。另外自慰對於女權主義的意義更是非同小可。如果一個女人要證明自己的獨立性，不必再去一味的迎合男人的性需求，其中一種重要的方式就是學會自慰。

c. 至於夫婦方面，若其中一方要出外公幹，而另一方要滿足人類基本需求的性問題，自慰其實是一個相當不錯的方法。既能宣洩性需求，又能保全自己對家庭的承諾。

正如貝蒂．道森（Betty Dodson）博士在《自慰》（*Sex for One: The Joy of Selfloving*）一書中所提出的：每個人大可坦蕩蕩面對「自慰」這件事。自慰是伴隨著每個人一生的，縱使已婚，已有性生活，自慰並不因此而消失。自慰是最佳的催情劑。只有自慰的時候才有機會創造自己期望的性空間與氣氛，也只有在自慰的時候，人才有機會仔細撫摸、欣賞自己的身體。這常是兩性性生活中最缺乏的，也是兩性性生活最大的致命傷。[5]

認為自慰切勿過度的觀點

現在大部分人都認為自慰是有益的，最重要是留意這行為會否過度，但甚麼情況才算過度呢？

a. 心理狀況：如果經常想自慰，或者每逢看色情小說、影視等必引起性衝動，並且必須自慰，這都說明出現過度自慰的現象。

b. 體質狀況：凡是因自慰造成體質衰弱，例如：消瘦、乏力、疲勞、失眠、記憶力衰退、容易生病等，都應該視作已過度自慰。

c. 局部狀況：這是指陰莖局部或女性陰蒂局部對手淫性質的性刺激反應如何。首先是自慰對射精或性高潮出現的時限，如果時間愈來愈長，或是自慰刺激的強度，一次比一次需要增加，這都表示自慰過度。此外，自慰時或之後，局部出現隱痛、麻木等不適應感覺，或者之後經常出現排尿不適與尿道部位燒灼等不舒服現象，或者女性外陰部分泌物增多且下腹部隱隱作痛不適等，都應視為手淫過度的表現。[6]

d. 若果自慰過度養成習慣後，真正做愛時，陰莖反而不能勃起，[7]或對愛撫失去感覺，而非得以自己的手來進行不可。[8]這會做成自體生殖器對手指感覺的長期依賴性的習慣，甚至對異性生殖器的陌生或排斥感。[9]

e. 長期過度的自慰會產生危害極大的心理偏見，即沉溺手淫的人已不能意識到做愛是男女雙方共同操作、共同投入、共同創造的情感體驗過程。

f. 有時夫婦是以手淫懲罰對方，意思是不用對方也可以有性滿足，這是一種鬥氣的表現。[10]

g. 除了留意自慰行為本身外，更要注意行為的心理背景。若有因缺乏有感召力的行動目標、現實生活無法使自己獲得成就感、精神處於空虛和壓抑狀態的，那麼自慰中的性已經不是性本身，而是當事人選擇以自慰宣洩現實生活所做成的壓力，以求獲得低水平心理平衡的行為方式。[11]但肯定的是，自慰並非解決這些問題的治本方法。[12]這樣下去只會「上癮」，成為不由自主的行為，到了這個地步，就會構成進一步的心理問題。[13]

基督教對自慰的立場

聖經中並沒有直接處理自慰的經文，但有一些原則卻是需要留意的：

a. 自慰是用自己身體的器官去做一些不切合神創造這器官本意的事情。人只是身體的管家，所以要使用身子去榮耀神（林前六20）。人亦不可將肢體獻給罪作不義的器具，反要將肢體作義的器具獻給神（羅六13～14），正如韋約翰(John White)所說：

> 人的身體並不是設計來自瀆的。我的身子原本是單單要來榮耀神的。將身子作其他用途的事情就是奪取了原應屬於神的事物……我們身體的器官是用來交配的。交配並不止於高潮。交配應是一種分享，一種通往更深入的共享。[14]

b. 自慰成為一種偶像崇拜，我們應當將身體獻上給神，自慰卻是人將自己身體的激情奉為神。[15]自慰將性高潮、性滿足視為首要，只要達到這方面的需要就不理會它的道德性。這是一種自我中心的表現，同時亦如偶像崇拜，將性之需要奉若神明，取代了神在人心中的地位。

c. 自慰與性幻想互有關連，一個人自慰時腦海中不會一片空白。[16]耶穌教導凡看見婦女就動淫念的，這人心裏已經與她犯姦淫了(太五27～28)。即犯姦淫罪不單指真正通姦行為，還包括了那些在腦子裏姦淫行為的幻想，這在神的眼裏都是犯罪的行為。這些性幻想若太頻繁，不單會在自慰時出現，更會在日常生活出現，影響到正常生活及工作。[17]

d. 自慰使人非人格化。自慰是單獨的性行為，這並非神給予人性行為的本意。聖經中性交的意思是認識、與對方更深入的分享及溝通。因此性交是與真人溝通，自慰卻使人單單聚焦於自己的身體，根本沒有溝通的存在。如此性經驗不再是付出、分享，反而變得愈來愈自我中心。[18] 這是不完整的性行為。自慰給人有如身處荒島的感覺，增加人孤單和內向的傾向。[19]

e. 自慰會使人傾向不由自主、上癮，成為強迫性的行為，就像酗酒一樣，不能完全戒除。這是撒但的目標，使人失去了因基督的釋放而得著的自由。[20] 聖靈的其中一個果子是節制，如果我們無法克制自己的欲望，常常必須通過自慰來發洩性慾，這顯然就不是正常的現象了。我們的身體是聖靈的殿，不可隨意糟蹋（林前六19）。最徹底的還是要學會克制自己，那才是長期解決問題的方法。

結論

面對自慰這個問題，真正要關心的是背後的動機及原因。自慰不是純生理上的發洩那麼簡單，它更反映個人內心世界的問題，很多時這個問題就是孤單、心底的需要未得到滿足。[21] 故此我們要問的問題不是「我可不可以自慰？」，而是要問「為何我想自慰？」。我們要對症下藥，勇敢面對自己的問題。

除此以外，要認識性慾算不上是人的最基本需要。正所謂「飽暖思淫慾」，很多時自慰都是在百無聊賴的時候發生。而性慾其實可以透過其他活動昇華，即是將人原有的欲念、精神、力量轉移到另一些有意義、可供發揮的事情上，尤其是可以消耗體力的運動，既健身又可發洩過多的精力。[22]

另外要遠避由性慾而來的試探，例如避免各種聲色刺激。另外男性睡覺時不要蓋太厚的被子令自己太熱；不要裸睡，因為在翻身時，龜頭常會磨擦到棉被而增加刺激；不要把雙手放在棉被裏，免得自己把玩個人的性器官；不要穿太緊的內褲，因為會令睪丸的溫度升高，影響精子的活動力，而且也容易刺激龜頭而增加性衝動。[23]

最後，要留心性慾的念頭是在何時、何地產生，然後預先做防範，並且在發現自己想入非非之前就要禱告，求主幫助，把自己的意志及想像力都交在這位了解我們的主面前。

註釋

1 明報教育組：〈青春期的心理變化——自慰〉，網址：http://www.mingpaoschool. com/read/sex/sex_phy3b_91.htm，2002年4月。

2 〈自慰的是是非非〉，網址：http：//www.rtv.com.tw/sexprivate/Big5/main3/3_2_14.htm，2002年4月。

3 〈關於手淫〉，網址：http：//www.xingwu.net/shouyin.htm，2002年4月。

4 〈有關女性手淫的調查〉，網址：http：//culture.china.com/zh_tw/optiumrose/opium/1464/20001130/41811.htm，2002年4月。

5 貝蒂・道森著，張玉芬譯：《自慰》（台灣：永中國際，2000）。

6 〈怎樣才算過度手淫？〉，網址：http：//health.china.com/zh_tw/special_topic/ziwei-nanxing/chshu/10001922/20010918/10108669.html，2002年4月。

7 〈男性的自慰〉，網址：http：//big5.itcmedu.com/dzbj/love/ydy/1_66.html，2002年4月。

8 〈自慰的研究（女）〉，網址：http：//www.vigi.idr.tw/sex/sexA/A3/A27.htm，2002年4月。

9 〈女性，請告別手淫〉，網址：http：//big5.health.sohu.com/20/31/harticle15583120. shtml，2002年4月。

10 〈令人尷尬的配偶手淫〉，網址：http：//www.cjdaily.com.cn/big5/content/2001-03/19/content_63451.htm，2002年4月。

11 〈關於手淫的另一種觀點〉，網址：http：//www.sd-online.com/big5/chinesemd4/www.chinamire.net/health/QQH_12.htm，2002年4月。

12 明報教育組：〈青春期的心理變化——自慰〉。

13 程敏夫、少年維特著：《曾經糊塗——成長中的性困惑》（香港：突破出版社，1995），頁72。

14 韋約翰著，羅燕明譯：《還我本性——衝破性罪的捆鎖》（香港：突破出版社，1995），頁147。

15 韋約翰著：《還我本性——衝破性罪的捆鎖》，頁147～148。

16 傅士德著，謝藹愉等譯：《基督徒看性》(香港：基道出版社，1991，第三版），頁55。

17 葉萬壽等著：《生之慾》(香港：突破出版社，1990)，頁23。

18 韋約翰著：《還我本性——衝破性罪的捆鎖》，頁149～150。

19 葉萬壽等著：《生之慾》，頁22。

20 韋約翰著：《還我本性——衝破性罪的捆鎖》，頁152。

21 蔡元雲等著：《性裏尋真》(香港：突破出版社，1996)，頁65。

22 蔡元雲等著：《性裏尋真》，頁69～70。

23〈何謂手淫〉，網址：http：//chemist.cycu.edu.tw/bbs_announce/D.914580867.A/D.914582l4.A/S.914599084.A/D.931521320.A/M.931521.352.A_html，2002年4月。

同志神學和同志運動的反思

李明德 宣道會錦繡堂傳道

踏入二十一世紀，人對性的追求走入了一個高速甚至超速的時代。新紀元運動鼓吹人要充滿自信，所有事情都可在人的控制之下，甚至連性也可以被人控制。存在主義鼓吹人要追求目前的快樂，就如高行健在《靈山》所說：「女子鍾情又難得有好的下場，因為男人要女人是尋快活，丈夫要妻子是持家做飯，老人要兒媳為傳宗接代，都不為愛情。」[1] 人只對自己負責，命運由自己掌握。後現代思潮則鼓吹多元主義，有容乃大，弱勢羣體也應受到重視，排他是小器的表現，是低級的行徑。同志運動就是在這些現代思潮推波助瀾下，積極地發起「站出來」行動，企圖在文化界、娛樂界、教育界、政治界、宗教界等各大範疇推出他們的新穎看法；以孫子兵法中的錐形戰陣來打擊異己，藉以壯大聲勢，以遏止反對他們的聲音。

筆者參考了很多同志表達心聲的文章，其中有些真是賺人熱淚，令人寄予無限同情的。但當查考聖經以證真偽，卻又發現其中的歪理甚多，不得不察。究其言論，不下數點：

a. **字義論**：聖經中幾個指責同性戀的原文被他們解為另一種意思，如所多瑪居民的罪不是同性戀，而是不接待客旅。此論點最大的矛盾就是，因不接待客旅而致滅城審判的例子完全沒有任何聖經根據，並且該段經文如指以不接待客旅為大罪，是完全忽略了上下文之意思。

b. **風俗論**：同志神學的學者猜測，親男色的罪乃是指古代世界一些異教神廟的祭司男扮女裝與朝聖者性交，以此表示與神明的聯合；他們堅稱這才是聖經所禁止的罪行。此論點的最大弱點就是此風俗是否屬實純粹基於猜測，並且古代亦少見流行此做法，以此與一系列普遍的罪行並列（提前一9～10），實難相合。

c. **愛心論**：同性戀者自視為受壓迫的小眾，因此辯稱聖經講求愛心接納，甚而認為主在現今社會也會站在他們那邊等等，真是看似合情合理。但我們須知聖經中所記述的耶穌，不是純為幫助弱勢羣體而置真理於不顧的；反之，主正向後世顯示憐憫罪人卻嚴斥罪惡之風範。故筆者雖也同情同性戀者的痛苦，但為著真理亦不得不指出同性戀行為的錯誤。這絕非是恐同（恐懼同性戀）症之表現，而是在恐同和贊同（贊成同性戀）之間不贊成同性戀行為，但同情同性戀者之痛苦，採可謂「憐同論」之立場。

d. **愛情論**：有同性戀者指出，純美的愛情乃世間精品，哪管是同性或異性戀，只要愛得夠真、愛得夠深，便不需要理會其他次要的事情。真正的愛情才是最偉大的元素，任何人為的規限都是不必要的。這種愛情偉大觀看似很有道理，但細心一想，完全沒有規範的愛是最危險的，就如一個小孩駕駛高速跑車，最終只會車毀人亡。

e. **動物論**：有同性戀人士指出，猿猴的同性性行為現象也很普遍，牠們視這些行為為一種社交的行為，與對方性交有如握手一樣。此論說正顯出其荒謬之處，人是有神的形像的被造物，我們絕不可反其道而行，反而效法低於人類的動物的行為。

f. **被壓論**：由於解放神學的影響，以往受壓制的羣體現在得以平反出頭。同性戀者過往一直被打壓，受著種種社會人士的歧視，是值得同情的。但是，受欺凌不代表其行為一定正確。筆者認為過往部分社會人士對同性戀者的欺壓和歧視是不公義的，我們應當為他們的基本權利而去爭取改善這情況，但他們實質在行為上的偏差卻是不容忽視的。

g. **人權論**：人有基本的人權，同性戀者也應當擁有這些基本的權利。同性戀者堅稱性取向的權利是包括在人權之內的。但我們細心一想，一些只在合法婚姻之內的權利是不可放寬的，因這是歷來社會倫理道德的標準，若這界線一放鬆，後果必然相當嚴重。

h. **經歷論**：有些同志基督徒辯稱他們有得救的經歷，甚至有一定的屬靈經驗，是確定得救的一羣，以此反證神也接納他們，接納同性戀。此論點犯了經驗主義的毛病，以經驗作為判斷真理的標準。真理是建立在神的話語上，神的話才是永不改變的。若以經驗的多少來判斷真理，這是危險的事情。況且，聖經明說神會洗淨我們一切的不義，即是一位同性戀者，只要他真誠認罪，他也可以獲取救恩。至於同性戀行為的處理，則在得救後再作處理。

i. **利益論**：近日報章報道有組織指出同性戀者有利社會，例如同性戀旅遊有助經濟、同性戀者消費潛力高等等，並且他們聲稱同性戀者對社羣有多方面的貢獻，因此應該多些善待同性戀者。這種惟利是圖的出發點，已顯出它的問題所在。此外，我們在考慮公眾利益之餘，對其為社會所帶來的問題是不可忽視的。況且，這些所謂的利益和貢獻又是否言過其實呢？

j. **默許論**：同志神學之學者指出主耶穌對同性戀絕口不提，這是意味著祂的默許。這個論點更加危險。耶穌當時的活動範圍和焦點都是在猶太人的範圍之內，雖然當時猶太人亦備受指責，但究其倫理道德生活，較比當時的外邦人高尚，因此同性戀不是他們中間普遍的問題，主沒有針對性地指責是可理解的。反觀保羅的對象是外邦人，他對這方面的痛斥是有目共睹的。

由是觀之，同志運動和同志神學的理據是難以成立的。因此有同性戀者索性以聖經為誤，以保羅為誤，在此不冗說。歸根結底，同性戀者欲得救恩，這是值得鼓勵的。但若不決心改善同性戀的行為，必自招痛苦，更甚者試以各類曲解之學說來支持一己的罪行，這是可悲和可笑的。但願各主內兄姊為他們的困難禱告，有需要時伸出援手幫助他們，正視問題所在，從而幫助他們悔過更新。

註釋

1 高行健著：《靈山》(台灣：聯經出版事業公司，2000年)，頁53。

社會中有關性的課題

色情與自由主義的限制

關啟文 香港浸會大學宗教及哲學系助理教授

政府在二○○○年四月十九日發表了〈保護青少年免受淫褻及不雅物品荼毒〉的諮詢文件，建議加強管制色情物品的發售，而這曾引起一場爭辯。但可能因著問題的爭議性，政府好像擱置了探討這問題。它引來的不少批評都是從自由主義的角度出發，把反黃跟專制、封建和落伍等同。就對民主和人權的信念而言，我也是自由主義者，然而支持民主人權的人也可以同時重視社會風氣和道德意識，可是有一些**極端**自由主義者卻以自由至上，忽略道德價值，甚或動輒把對手斥為道德主義者、道德法西斯等。近年**極端**自由主義的種種限制漸漸顯現，在理論上它受到新保守主義（neo-conservatism）、社羣主義（communitarianism）等的挑戰；[1] 而在實踐上，自由社會（如美國）也千瘡百孔，香港社會也似乎步其後塵。真正有**自由精神**的知識分子應反思，在處理色情的問題時，有否忽略了自由主義者的限制。

反黃=家長主義？

極端自由主義者認為反黃就等於家長主義，這也太小看青少年罷！當然很有分辨能力的青少年是存在的，但誰可真正否認分辨能力不強的青少年也存在呢？若否認這點，那學校和家庭的德育便全無需要了！那麼是否地理、科學等知識要傳授，但道德價值則完全不用傳授呢？為何前者不是家長主義，後者則是？沒有人會在科學教育的初期把地心說和泰谷巴哈的學說都教給學生，然後叫他們自己批判思考和選擇。德育的學習次序尤其重要。例如應先讓他們學習勤勞、節儉和尊重別人，而不是懶惰、浪費和侮慢別人。因為縱使先學懂前者，在現代社會學曉後者一點也不難，「墮落」是挺容易的。但自小已學曉懶惰、浪費和侮慢別人的人，要變成勤勞、節儉和尊重別人則談何容易。

同理，要吸收色情物品的價值觀並不是難事，但若青少年自小的成長便充斥色情的意識形態，要重新建立正面的性價值觀卻不容易。何況有少數青少年會沉溺於色情物品中，荒廢學業(更不消提對崇高價值[如人權]的追尋了)。看起來他們很自由，但長遠來說，他們對自己人生的自主權其實是大大地被削弱了。自由主義的好處在於它為成熟和有道德責任感的公民設計了一個公平和多元化的社會，但對**如何培育**一羣成熟和有道德責任感的公民這問題，卻有點兒掉以輕心。

性壓抑=罪魁禍首？

極端自由主義者慣於把自由當作問題的答案，而把壓抑視為問題的根源。如何國良便曾被提問：為何青少年「無法在中學教育中找到理智的方法及能力，選擇閱讀類型及分辨道德上好與壞的信息」？他認為：「青少年的脆弱性格，根本就是在性方面有太多的焦慮與恐懼。香港的性教育表面上開放，實質上宣揚禁慾與危機…… 充滿限制與壓抑的社會，只會培養出帶有罪惡感及缺乏自信的人格，面對琳瑯滿目的資訊，青少年又怎會說『不』？」[2] 按這種邏輯，性解放應令青少年的性格變得剛強，而愈在壓抑的社會成長的青少年，性格應愈脆弱。然而事實剛好相反，毫無性壓抑的邊青通常都意志薄弱；而雖然六十年代社會有更多壓抑，但卻是九十年代的青少年性格更脆弱。一個更合理的解釋是，意志薄弱正是享樂主義與消費主義的後遺症，而色情文化也正是享樂主義與消費主義文化的一環。至於青少年缺乏道德分辨能力，正正因為可助他內化道德信念的社會環境幾乎不存在。我們若把道德當作是洪水猛獸，只會加劇這問題的嚴重性。

我同意建立青少年的自信是重要的，過分的壓抑的確有害無益。然而我懷疑現在的問題是在於過分壓抑，而全面解禁也不被認為是出路。要建立青少年的自信，我們一方面要幫助他們對性持正面態度，另一方面也要鼓勵他們**負責任地**處理性慾。若將青少年當作是其性慾的奴隸，只會貶低他們的主體性和自我價值。現在香港盛行「爛泥」文化，不少人面對問題時不去積極面對，乾脆當自己是扶不上壁的「爛泥」，或大聲呼喊：「我犯賤，吹咩！」我們要告訴青年人，雖然我們每個人都會受社會和環境（如三級文化）影響，但始終我們是有自由意志的，所以要為自己的行為和人格負責任，並且應不斷超越自我。我們這樣做才是尊重他們的主體性。

反黃=反科學？

不少極端自由主義者信奉科學理性，他們愛強調沒有科學證據證明色情有害，所以反黃只是一種非科學的迷信。其實我同意色情物品不是**必然和即時**導致性罪行的，但整體來説，色情物品會否**促進**性罪行呢？對這問題，學者有不同的意見，保守主義者和女性主義者就認為色情有害，[3]我認為這兩者的立場較可信。[4]我尊重誠實地持守相反意見的人，但似乎有些「專家」經常將「色情無害論」一家之言當作學者的共識，從不提相反意見和證據，這是否有意誤導呢？

此外，反黃人士批評色情物品的害處，主要是就價值觀和潛移默化的長遠效果而言。這問題極之複雜，而且其中不可控制的變數甚多，所以很難用實驗方法去得出**絕對的**答案（雖然也有不少經驗證據指出色情物品的各種害處）。然而不是所有社會政策都可用實驗去支持的，以性教育為例，有甚麼**百分百嚴格**的科學實驗可證明它真的有效？但是否我們因此就不可提倡性教育呢？

不合宜地在每件事上都要求科學證明，只是科學主義的霸權。當科學方法**原則上**不能決定一問題時，訴諸我們**集體的經驗**是合宜的，不然以前不懂現代科學的人便完全不能辨別因果關係嗎？例如他們知道吃飯有益身體和某種磨菇有害健康，都是靠以往的個案而已（就算現在我們也不用毒磨菇作實驗）！所以關於色情物品影響的個案是要列入考慮的**部分**證據（當然要結合其他證據一同評估），認為個案完全不可作證據，只反映一種過時和偏狹的科學方法論——實證論（positivism）而已。很多研究科學方法的專家都開始同意最佳説明推論（inference to the best explanation）是更佳的方法論，個案證據也需要考慮和解釋。

關注色情物品影響的一般市民可不要被專家的霸權嚇倒，而放棄表達自己意見的權利和與別人分享自己經驗的機會，後者對公民社會的共同思考是重要的。若每一個人都為了怕某些專家斥其為「非科學」而不敢分享自己的經驗，那公民社會的討論便會變得貧乏，我們也更無從辨別哪些是共同的經驗和事物的規律。

中大三級迎新的啟示

二〇〇二年八月底各大學院校都進行迎新活動，八月二十九日的《明報》和《蘋果日報》都揭露中文大學迎新營中出現大量粗鄙淫褻的口號，[5]其中因為一些學生忍受不了，所以便向傳媒投訴。事件曝光後，引發社會人士熱烈的討論，很多人都擔憂大學生中的風氣。這事件清晰顯示色情文化的腐蝕作用，它已嚴重危害下一代，甚至我們認為應可保留較多正面價值的大學校園也差不多失守了。那將來的社會會是怎麼樣呢？

那些迎新營籌委面對指責時的即時回應很有「啟發性」，[6]他們說他們可接受這種淫賤口號，且認為這是大眾都可接受到的，因此沒想到帶領參加者叫不文口號會產生軒然大波。這反映淫賤文化的主流化。很多新一代都是在三級漫畫、淫賤無比的大報和流行週刊的「養育」下成長的，他們很自然會感到這就是社會共識，也不加反省，更毫不覺察色情意識在貶低性和女性的價值。但說到底，他們會完全不知這些淫褻口號會至少冒犯一些人嗎？這也不大可能。其實前一年已有類似的投訴了，但他們只認為這些正氣的少數派裝蒜，也深信可以用羣體壓力叫他們就範。這反映色情文化塑造出一種自我中心、不懂尊重別人自由的文化。色情文化愈普及，就像「劣幣驅走良幣」規律，正面的價值就愈趨邊緣化。今天就算在大學，反思考、反文化、反正氣等其實已成主流，論壇沒有人有興趣聽，認真的學術書（特別是英文書）沒有人看。別人質問那些籌委為何要喊那些口號，他們甚至理直氣壯地反問：「難道吟詩作對嗎？」這不是清楚反映他們對正氣活動的鄙視嗎？

更有趣的是，又有一些極端自由主義者走出來説那些大學生的問題是由於性壓抑。我實在大惑不解，若性壓抑導致三級迎新，那二三十年前的大學生應更感到性壓抑，為何那時完全沒有這些問題呢？其實很清楚，那些學生的意識形態是性隨便和享樂主義，他們覺得這些性話題沒甚麼大不了，又「過癮」，一起喊很開心，於是便起勁喊了。甚麼事情都用性壓抑去解釋是不行的。再者，不少平時為色情傳媒護航的知識分子也走出來譴責那些學生不尊重性工作者云云（這點我也同意），這正反映我於上文提出的，那些學生的意識形態是性隨便和享樂主義。不少自由主義者由於受傳統教育和文化影響，雖然高舉自由，但也會持守一些崇高的價值觀。然而新一代自小在淫賤和道德混亂（甚至道德懷疑論和反道德主義）的文化下長大，他們也反對衞道之士，這不是基於其他道德信念，而是基於他們的感受、欲望。總之他們覺得談道德和原則很「老土」，他們最重視自己的自由，「最緊要好玩」（迎新營籌委多次強調要好玩）。今天我們走出來譴責他們不懂尊重兩性和女性、不尊重規則、低級品味⋯⋯這些新人類或許心裏會反問：為何你們不也是衞道之士？這些道德價值不是對人自由的規限嗎？這些不都是相對的嗎？

香港這自由社會**如何培育**新一代（包括大學生）成為成熟和有道德責任感的公民，已是個很迫切的問題。我們若仍把撫育工作拱手相讓給色情媒介，那我對香港的前途實在有點兒悲觀。

註釋

1 參關啟文：〈桑德爾的公民共和主義與羅爾斯的政治自由主義〉，《社會理論學報》，第四卷第二期(香港：2001年秋季號)，頁373～411；關啟文：〈評自由主義與社羣主義之論爭〉，《社會理論學報》，第五卷第二期(香港：2002年秋季號)。

2 何國良：〈色腥不止荼毒青少年〉，《明報》，2000年4月29日。

3 參Daniel Linz and Neil Malamuth, *Pornography*（Newbury Park, CA.: Sage, 1993）。

4 論據可參林芳玫：《色情研究：從言論自由到符號擬象》(台北：女書文化，1999)；及本書的〈「色情無害」是否神話？〉。

5 中大四院「互片」時會喊的口號包括：「崇基啲女好淫賤，晚晚都要坐蓮，仲要棍上舞翩翩，苦練冰火五重天」、「聯合組媽最盡責，含吹舐啜有方法，皆因家法好嚴格」、「無波仲著小背心」、「汁多肉厚好騎呢」等；此外，還有一張大的「新亞桑拿」海報，暗指新亞書院是提供性服務的桑拿場。

6 他們後來有道歉，但只是說不應令別人不開心，對他們基本的價值觀沒顯示深刻反省。

「色情無害」是否神話？

關啟文 香港浸會大學宗教及哲學系助理教授

色情文化是極具爭議性的課題，不少調查都顯示大部分市民都相信色情文化會對人（特別是青少年）有不良影響，但使人困惑的是，不時有些知識分子會跑出來，力陳「色情無害論」，或堅持「沒有證據顯示色情有害」。這論點對嗎？是否普通人的常識真的全是偏見？

問題的釐清

首先要釐清這複雜的問題及申明我的看法。我不贊成「色情**必然**有害論」——即「每個使用色情物品的人都會**直接**受壞影響或變成罪犯」的說法，我也不認為色情是性犯罪的**惟**一原因（正如吸煙的人不一定生癌，不吸煙的人也會生癌），但我同意「色情有害」的觀點。「有害」泛指對人格、身心及社會帶來不良影響，而不是局限在「引致強姦」方面。否定我這觀點的可稱為「色情無害論」，這否定色情物品會帶來任何不良影響。嚴格來說，只要有實質證據證明色情物品為一人帶來害處，「色情無害論」就被否證，正如一隻黑天鵝就可推翻「所有天鵝都是白色」的說法。

我們也要澄清「證據」(evidence)與「證明」(proof)的分別，若一些資料使某觀點可信的可能性提高，前者便是後者的證據。證據愈多愈可信，但很少觀點能被百分百證明，科學定律也不能。「色情有害」的證據有幾方面：個案、調查研究、實驗研究和背景知識，這四方面證據像桌子的四隻腳，**累積起來**使「色情有害論」極為可信。那為何有些學者相信「色情無害」呢？

「色情無害」的學術神話

一九七〇年美國一個研究色情物品的委員會作出了一個影響深遠的報告，其結論是沒有證據顯示色情物品與性變異(sexual deviances)或性罪行有因果關係(甚至重要的相關也沒有！)。雖然這報告不為國會所接納，但其結論卻被很多學者視為金科玉律，同樣的宣稱不斷被重複，久而久之差不多成為一種學術正統，不同意這結論的常被視為在學術上無知之輩。而積極提倡這思想的也大有人在。這其實不難了解，在社會中總有些人喜歡走在前頭、用科學的思想去戰勝「守舊」的愚昧與禁忌，這些人心底中自有他們的道德熱情與理想，可說是另類的衛道之士(君不見反色情人士也被斥為「不道德」！)。

「色情無害」論者也有他們的貢獻，有時一些反色情的人的確會誇大色情的影響，簡化性罪行的成因、過分將青少年的自主性貶低，甚或對性過分恐懼，色情無害論者可平衡以上的極端。然而當「色情無害」論成為教條，卻也會構成我們思想的桎梏，並阻礙我們睜大眼睛去看清楚色情的影響。

一九七〇年的報告在今天還可全然適用嗎？當中一些好的研究當然仍有價值，但那廣泛流傳的結論卻的確過時了。第一，一九七〇年的報告所研究的色情物品是非暴力性的，但今天的色情物品卻含有不少暴力成分，當時的色情物品根本不能等同今天流通的色情物品，而影響也未必相同。第二，報告的結論根本沒有全面及公允地反映**當時**的證據，例如戴維斯(Davis)與布勞克(Braucht)的研究就顯示，接觸色情物品與性變異有很大的關連，普羅珀(Propper)的研究顯示接觸色情物品與濫交相關，也與有犯罪傾向組別有關聯。這些及其他不少與報告結論相反的證據都在委員會的掌握之中。此外，支持報告結論的證據其實疑點重重，其中戈爾茨坦(Goldstein)的研究有不少問題：「控制組別」與性罪犯中其實有39%承認色情物品與他們的性罪行有關，委員會只是用一句「不誠實」就抹煞了這些證據，卻不懷疑同一羣人其他的答案！

所以今天在這方面研究的學者都不再視一九七〇年報告的結論為絕對真理，齊利曼(Zillman)是這方面的專家，他就這樣說：

> 從開始之時我們就清楚，「沒有不良影響」這判斷只建基於少量及猜測性的研究結果，而其中很多結果都是委員會在後期製造出來，用以使

自己存有偏頗的結論合理化。('From the outset, it was clear that this verdict of "no ill effects" was based on few and tentative findings, many of which were lately generated by the commission itself to justify its biased conclusions.')

這其實也不難理解，比方你**今天**想找一個較安全的海灘去游泳，你會以一個一九七〇年出版的海灘含菌量報告為依據嗎？(無論當時的化驗是如何嚴謹)就算二十七年前真的沒充分證據，也不代表今天也沒證據。讓我總結一下這些年來累積的幾方面證據。

1. 個案證據

稍為研究一下有關文獻，便可看到甚多個案顯示色情的害處，大部分受害者是女性。案例包括：男性在色情物品的影響下強姦女性、侵犯女童，不少丈夫強迫妻子仿效色情雜誌描述的做愛花式，甚或進行換妻、羣交等行為，又或沉迷色情物品而忽略妻子，這些都為妻子帶來身心傷害及使婚姻破裂。不少男女三級影星也見證色情事業的非人性化，如《深喉》的琳達．洛夫萊斯(Linda Lovelace)其實是一慘被折磨並拘禁兩年的性奴！此外有很多青年模仿色情物品中的描述，因而引致墮胎、性侵犯事件的發生，在一九八一年八月六日，一名男童就因模仿《好色客》(*Hustler*，即「性書大亨」的心血)中〈死亡的高潮〉一文的指引而死亡！

不少男性受色情文化影響而友姦女友，甚至成為連環殺手（如特德．邦迪〔Ted Bundy〕）。其中不少個案都有專業人士確認，如心理治療師維克托．克萊茵（Victor Cline）曾處理300個性上癮（sex addictions）或性罪犯的個案，他見證絕大部分的人都受色情物品直接或間接影響。不少治療性罪犯的專家（參 Ray Wyre & Rosenberg, 1989）都親自見證色情物品對別人的不良影響。

若用個案去證明「色情**必然**有害論」，理據當然不足，但以支持「色情有害論」則綽綽有餘。（本書的附錄記述了不少個案。）

2. 調查研究

不少調查研究進一步顯示色情物品與不良影響的關連不是偶發的，而是廣泛、有系統性的。先談女性的經驗，《大都會》（*Cosmopolitan*，1990年3月）調查了4,000個讀者，結果如下：34%曾被性侵犯，當中14%的犯事者是受色情物品影響；60%曾被性騷擾，當中12%牽涉色情物品的使用。美國的《女性日》（*Woman's Day*，1986年1月）調查了6,100位女性，25%受訪者表示曾被受色情物品影響的人侵犯。西爾伯特及派因斯（*Silbert & Pines*，1984年）調查了200名妓女，193名曾被強姦，個案中至少25%與色情物品有關，而青少年性侵犯的案例中至少22%與色情物品有關。另外幾個婦女調查（Russell; Senn; Senn & Radtker）顯示，10%至24%受訪者曾被威逼模仿色情物品的描述，亦有不少婦女見證由色情物品引致的強姦。

執法當局方面也有不少證據，波普(Pope, 1987)研究密芝根州的性侵犯檔案，42,000宗案例中有42%是在當場或之前使用色情物品的。聯邦調查局(FBI, 1985)的報告指出，36個連環殺手中有81%經常使用色情物品。不少研究也指侵犯兒童者常用色情物品去誘惑並威逼孩童。此外性犯罪與接觸色情物品也有相關，莫斯(Moss, 1986)調查了6,000個大學生，其中接觸色情物品愈多的，強迫女性發生性行為愈多。有四個研究(Baron & Straus, 1984, 1987; Scott & Schwalms, 1988; Jaffe & Straus, 1987)都發現，在美國50個州中，色情雜誌的流通量與強姦率明顯地相關。不單是對性犯罪的影響，不少研究都顯示色情物品與支持強姦的態度 (Perse, 1994)及性上癮 (Carnes, 1991)都有關。

色情無害論者照例會說：「相關(correlation)不證明因果關係」，但若說以上多重的相關不會提高「色情有害論」的可信性則令人難以置信，難道這些全是巧合？正如若酒後駕駛與交通意外有類似關連，有多少人仍會死抱著「酒精絕對無害且安全」的論點不放呢？

3. 實驗研究

實驗研究比相關研究更清楚顯示色情物品與各種害處的因果連繫。在這二十多年內，學者作了過百個實驗研究，檢視色情物品對人的各方面影響。三位美國學者萊昂斯(Lyons)、安德森(Anderson)和拉森(Larson)在一九九四年作了一個綜合分析，他(她)們挑選了81個在期刊中發表的報告進行分析，分析結果如下：一、57個研究顯示色情物品有影響(大多是壞的影響),有10個結果模稜兩可,只有14個沒顯示影響。二、產生最明顯的影響是暴力性色情物品,在17個研究中,有15個顯示這類物品會催化侵犯女性的企圖或行為!三、非暴力色情物品的影響沒那麼明顯,但在12個研究中,也有6個顯示這會催化侵犯女性的傾向或行為,沒顯示影響的只有3個。至於這類物品對性道德的影響,好幾個研究一致顯示它會使人更易接受婚前與婚外性行為,以及相信強姦神話(如「女性潛意識渴求被強姦」)。

另一個一九九五年的綜合分析(Allen, D'Alessio & Brezfel)研究了30多個類似的實驗。結論是:暴力性和非暴力性的色情物品都能使人的侵略傾向(aggressive tendency)增加(但前者的影響更大)。色情與暴力傾向關聯的實驗探究,不是每次都有正面結果,這或許否證了「色情必然有害說」,但就算物理學實驗的結果也不是每次都與定律相符,所以大體來說,實驗結果已為「色情有害論」提供強力支持。[1]以上結果也與本地有關色情副刊的調查(1997年2月)的結果十分吻合,該調查顯示,看得色情副刊愈多的學生,對性愈開放及愈接受侵犯女性的行為。每天看這些色情副刊的人中,近半說若警察不「拉人」,他們會強姦女性![2]

4. 背景知識及理論支持

要判斷事物之間的因果關係,我們得到的背景知識(background knowledge)是很重要的。假設有一個研究顯示星期一出生的人比較短命，我們不會貿然相信。原因很簡單，根據我們對人體及世界的了解，很難想像前者如何對後者產生真實的因果影響，畢竟禮拜天是人類的習俗而已，如何能影響人體的生理機能呢？同樣，要判斷色情物品會否影響人的行為時，我們要問：根據我們對人類、社會及媒介的背景認識，在色情物品與人類行為之間，有否合理可信的因果連繫（plausible causal mechanism）呢？若答案是正面的，前面的證據的可信性大大提高，不然，那些證據的說服力會大打折扣。而我相信答案是正面的。

第一，傳媒一般來說會對人產生影響，這可說是現代社會的常識。若不是討論色情的問題，很少人會否認傳媒會影響人的思想與行為，而這種影響也被成千上百的日常經驗印證。若你在街走一走，便可見到數十個青少年與某偶像的打扮或髮型一模一樣，這樣我們還可堅持傳媒對人全無影響嗎？此外，假若傳媒對人沒影響，那如何可能又為何要用不同傳播媒介推動性教育？就如性教育促進會的原則之一所說：「電視及其他傳播媒介對社會的影響深遠而廣泛，正規與非正規性教育均應善用之。」若然如此，有理由在眾多有「深遠而廣泛」影響的媒介行列中，單單剔除色情媒介嗎？

第二，不少色情無害論者認為，色情媒體不單無害，更是有益！例如可助人打破性禁忌或宣洩性衝動。但其實這等於承認色情媒體的內容是對人有影響，既然如此，為何單單當中的不良意識（如視女性為性玩物或美化強姦）會對人全無影響？這種立場似乎不大一致。

第三，不少心理學理論都支持色情媒體是有影響的，如班杜拉（Bandura）的社會學習理論（social learning theory）強調，人類很多行為都是透過觀察別人的行為而學回來的。不單是實際的行為，在媒體內描述的行為（特別是生動、刺激的描述）也可成為模仿的目標。行為心理學家（behaviour psychologist）則強調，假若快感常伴隨一種行為而來，前者會成為後者的「加強者」（reinforcer）—— 即會鞏固這種行為。這兩種理論都可用在色情物品上，色情物品提供了很多刺激的性行為模式（如性交、口交、在女性面上射精）的描述，接觸的人在潛移默化下很有可能會以這些為模仿的目標。從而激發的性幻想通常以自慰的快感為終結，久而久之這種性幻想就深深植根於腦海中，實行出來的可能性便大大提高。很多風化案的手法都與色情物品中的描述一模一樣，難道都是偶然嗎？

第四，色情物品有幾種可能鼓動性犯罪的途徑，都是合乎常理的。暴力色情物品「性化」強姦，散播「強姦神話」（rape myth）—— 指女性最終是享受被強姦的經驗的，這自然會降低人對強姦的抗拒感。非暴力色情物品將女性視作渴求性愛的性玩物，這會降低人對女性的尊重，扭曲我們對女性性愛的了解：既然性愛是這樣平常，而女性也不是神聖不可侵犯的主體，侵犯她們有甚麼大不了？這些都不是太難的推論。

總結來說，理論與常識都支持色情有害論，再加上吻合的累積證據（以上列舉的只是部分），有理性的人還可再堅持「色情無害論」嗎？若一些專家明知證據存在，卻仍多次公開說「沒有證據顯示色情有害」，是否有意誤導別人呢？無論如何，最重要的是讀者不要受一些似是而非的「權威」言論所誤導。

色情無害論者的辯論策略

面對愈來愈多的不利證據。色情無害論者自有他們的說辭，在這裏我簡略回應這類常聽到的觀點。

首先，色情無害論者常將焦點集中在性犯罪上，認為色情物品只要不是直接導致強姦等罪行，就不能算有害。這種「有害」的定義實在很狹窄，人的價值觀與行為本不可分割，我們很難相信對前者的影響完全不會反映在後者之上。此外，若從教育工作者和家長的角度看，很難說價值觀的扭曲不是害處，假若一老師長期為學生洗腦，教他們不用尊重父母與異性、不用誠實等思想，家長豈不會向校長投訴該老師「教壞」他們的子女嗎？此外，色情無害論者常採取一種「前衛」的性道德觀，認為婚前與婚外性行為，甚或亂倫都沒甚麼不妥當，所以色情物品縱然鼓吹這類行為也不是有害處。但這種價值觀是與社會大眾的價值觀嚴重脫節的，無論色情物品會否導致強姦等罪行，只要它對人(特別是青少年)的價值觀或品格有負面的影響，色情物品就是有害的了。

此外，色情無害論者很喜歡採用非常「嚴謹」的標準，多方批評支持色情有害的證據，例如他們會說個案是個別例子，不可作證據；相關也不一定是有因果關連；實驗室的環境太人工化，其結論未必可應用在真實的生活世界中。這種批評有點道理——假若是針對「色情必然有害論」的話！以獨立的個案建立放諸四海而皆準的定律的確有點草率，正如我們見到一隻黑烏鴉是黑色的，便下結論說「天下烏鴉一樣黑」是有點武斷，但若我們只是想證明「有些烏鴉是黑色的」，則一個真實個案便已足夠。色情無害論者常將對手的立場極端化，那麼證據就好像不足夠，但若看清楚所提倡的只是「色情是有些害處」，則個案證據是不可忽視的。當然我們對另一些個案也要認真審視，但當色情物品的使用與一些壞影響的出現在時間上很接近、性質又相似，而當事人或受害者又肯定色情物品的影響，那一個普通人也可很合理地判斷色情物品在那個個案中產生了害處，這種判斷不一定要專家才可作。

當這類個案的數目不斷增加，在不同情況發生，那麼這種影響就很難說純粹是偶然的。單就色情物品產生害處的個案來說，數目相當多，且是在不同國家、不同類別的人身上發生。我們就算撇開調查和實驗證據，也有理由相信色情物品的害處有一定程度的廣泛性與普遍性。加上其他證據，這結論就更加穩固。色情無害論者常孤立一些證據來作批評，這就好像抽掉桌子的三隻腳，而試驗餘下的一隻腳能否支撐桌面；當每一隻腳都這樣試過後就說：四隻腳的桌子不能支撐桌面！這種批評是無效的。

此外，我們也看到色情無害論者常設定很高的證明標準，但沒有多少理論能達到這種標準的，而色情無害論者是真的一致地持守這標準嗎？例如有時色情無害論者會說：「導致人們反色情的真實原因，是他們對性的恐懼。」但有沒有實驗百分百證明這因果判斷呢？至於個案證據，在對色情無害論者有利時，他們也會使用，例如吳敏倫教授的《性學紀實》的封面寫著：「以真實個案編寫的健康性知識」。我不明白，若吳教授認為「個案不能成證據」，又如何能在不是證據的個案基礎上建立普遍性的知識呢？[3]

第三，色情無害論者常愛舉一些例子，如某某看了很多三級片也沒有變色魔，有些調查顯示性罪犯使用色情物品不比平常人多云云。但我們有很多問題需要問，如看很多三級片的人雖未變色魔，但他們的價值觀有否扭曲呢？有沒有對身邊女性進行騷擾？那些調查是否可靠？但我即管接受以上為證據，也只證明了「色情物品**有時**不帶來害處」，這可用來推翻「色情必然有害處」，卻與「色情物品有時（甚至很多時）帶來害處」的觀點完全一致！而且事實上有個案顯示色情有害，且另一些調查顯示另一些性罪犯使用色情物品比常人多（Marshall），所以「色情有害論」的立論沒絲毫動搖。

打個比方，在火災災場有很多人吸入濃煙，有些死了，有些沒有死，而仍生還的人當中有些吸入濃煙的份量比死了的人更多。我們會因而說吸入濃煙對人體沒害嗎？不會。至於結果的差異，可以個別的健康情況解釋。同理，色情物品有時不會帶來害處，這未必因為它是中性的，而是因為有其他抗衡因素，如社會規範、良知、法律制裁、優良教育背景和家庭環境等，可中和色情物品的壞影響。但在現代社會，以上的中和因素都瀕臨瓦解或在減弱，若色情意識還被大力鼓吹，豈不是火上加油？

第四，色情無害論者常將反色情人士描述為性壓抑、性恐懼的保守分子——一班企圖將時鐘撥回一世紀之前的人。但這種論斷是沒有科學根據的，也不相干，因為反色情人士的動機如何和色情物品有否害處是沒關連的。若要揣測動機，色情鬥士的行為也可能是出於維護自己性變態！例如某大學校長很反對老師對色情物品的研究，最後他因為侵犯兒童被捕，大家才恍然大悟。我認為雙方面的揣測對理性討論的裨益都不大。

最後，有時色情無害論者會承認暴力色情物品是有點害處，但仍會辯解說這不是色情，所以色情仍是無害。這樣的回應有幾個問題：一、前面的證據顯示非暴力色情物品害處較少，但也存在害處，特別是對女性形象和社會風氣的影響。二、非暴力色情與暴力色情都是色情物品大類別之下的小類別，若暴力色情物品有害，即是說有些色情物品有害，何以能將它置於色情無害論以外？這只是「白馬非馬」的狡辯。三、暴力與非暴力色情之間的分野不是黑白分明的，例如兩者之間有威逼性色情、非人性化色情等，此外在同一本色情雜誌或電影裏，很多時兩種色情內容都存在。四、有實驗研究顯示，看得多溫和色情媒體的人，是有傾向去使用更變態、更暴力的色情物品的。為了追尋持續的刺激，慣常使用色情物品的人通常要把刺激的強度不斷提高。

結論

若我們把問題釐清，以上討論顯示色情有害論是有證據支持的。證據的份量也顯示，這種害處是相當實質的。雖然我們不能確定「色情必然有害論」，但「色情絕對無害論」是站不住腳的，而色情無害論者的辯解也缺乏說服力。只要色情物品有萬分之一機會會對女性帶來傷害，基於現代社會對女權的尊重與保障，我們也不能對色情問題掉以輕心。以色情為無害不是前衛，而是死守過時的學術正統，拒絕面對新的證據。

參考書目

Allen, Mike; Dave, D'Alessio; and Brezfel, Keri. 'A Meta-Analysis Summarizing the Effects of Porn: Aggression After Exposure', *Human Communications Research*, Dec 1995.

Cline, Victor, ed. *Where Do You Draw the Line? An Exploration into Media Violence, Pornography, and Censorship*. Provo, Utah: Brigham Young University Press, 1974.

Itzin, Catherine, ed. *Pornography: Women, Violence, and Civil Liberties*. Oxford: Oxford University Press, 1993.

Pornography and Sexual Violence: Evidence of the Links. The complete transcript of PUBLIC HEARINGS on Ordinances to Add Pornography as Discrimination Against Women: Minneapolis City Council, Government Operations Committee, December 12 and 13, 1983. London: Everywoman. 1988.

Russell, Diana E., ed. *Making Violence Sexy.* Buckingham: Open University Press, 1993.

Zillman, Dolf, and Bryant, Jennings, eds. *Pornography: Research Advances and Policy Considerations.* Hillsdale, N.J.: Lawrence Erlbaum, 1989.

Zillman, Dolf; Bryant, Jennings; and Huston, Aletha C., eds. *Media, Children, and the Family: Social Scientific, Pyschodynamic, and Clinical Perspectives.* Hillsdale, N.J.: Lawrence Erlbaum, 1994.

林芳玫，《色情研究：從言論自由到符號擬象》，台北：女書文化，1999。

註釋

1 另參Paik & Comsstock, 1994年的綜合分析。

2 為免讀者覺得過分繁瑣，我不一一列出每個研究的出處。有興趣進一步研究的可翻看Zillmann, Bryant & Huston, 1989（Chs. 15~21）, Itzin, 1993（Part 3）及 Russell, 1993（Part 3）。

3 個案證據的偏見反映一種大科學主義或實證論，是一種已被當代科學哲學深入批評的方法論。若只有實驗方法才可產生證據，有幾個結果，一是在近代科學興起之前沒有人對因果關係有任何證據；二是現代社會，非科學家的一般人也從來不能掌握任何事物的證據；三是縱使個案數目是天文數字（如一百億），也不構成證據。這些結果都是荒謬的。

反對娼妓合法化=擲石頭？

關啟文 香港浸會大學宗教及哲學系助理教授

爭議的背景

應否設立紅燈區的爭議已有多年歷史，但隨著近年香港性革命的激化，這問題再起爭論。深水埗的娼妓問題日趨嚴重，市民的不滿引致區議員的投訴，但這惹來前衛分子登報抗議：〈抗議政治迫害性工作者聯署聲明〉[1]。他們反對人們歧視性工作者，對他們來說，「娼妓」這詞語已蘊含歧視。一些性革命分子不單趁機重提娼妓合法化的建議，更認為要將賣淫污名全面去除，這在社會和傳媒中也引起不少討論。[2]在很短時間內，「性工作者」的概念已普遍被傳媒接受，這已是支持娼妓合法化者的重大勝利，因為「性工作」這名詞已隱含賣淫正常化的概念。在後期的討論中，積極支持娼妓合法化的聲音不少，而公開提出反對的差不多只有明光社。

反對娼妓合法化的理由

聖經對賣淫的立場是挺清晰的。已結婚但與非自己配偶的人發生性關係者為姦淫者；未婚但卻與人有性關係者為淫亂者，二者皆是罪（參徒十五29；林前十8；弗五3；西三5；帖前四3）。耶穌與淫婦的相遇（約八11）帶出耶穌愛罪人，但憎惡罪的微妙平衡。有些人動輒把持守道德立場等同向淫婦擲石頭，恐怕耶穌也免不了他們的指責！道德與愛也不一定是對立的，違反神的聖善標準最終會帶來傷害。反對賣淫，正是不希望娼妓繼續傷害自己的身、心、靈！性革命分子「凡道德必反」，認為這就會為人帶來幸福，似乎是浪漫主義的意識形態多於事實。

若將性、感情、生兒育女這些人生重大領域與金錢掛鈎，它們便很容易變質。建基於金錢交易的性行為是不健康的，這是老生常談，但仍是有智慧的。就算是羅素這性解放先驅也強調：「經濟的動機要是闖進了性的範圍，其結果多少是有害的。性關係應當是一種雙方的愉快，由兩方自然的衝動而起。如果不是這樣，則其中一切可貴之處都將消滅。在這樣親密的關係上，若把一個人拿來使用，實在是不把人當成人；尊重人的人格才是一切真道德的基礎。」可見今天的性解放人士已差不多全無底線了！商品的特質就是「可替代」和「可交換」，娼妓的身體正是如此被看待，她們本身和其獨特人格顯得並無價值，也不是顧客所關心的，她們是可替代的。妓女對嫖客的態度也是如此。此外，金錢可以量化，交易可以完成，但性等親密人際關係卻不可量化，其中所衍生的意義和責任是不可窮盡的。

嫖妓活動是對女性的一種侮辱，將女性當為可肆意玩弄的商品，嚴重踐踏女性尊嚴，侵害她的自主性。如羅素說：「性關係中的道德……應該尊敬對方的人格，不忍利用對方作為滿足個人欲望的工具，而不顧他或她的心願。娼妓的制度就犯了這條罪過，所以，即使妓女受人尊敬，而且沒有花柳病的危險，這種制度仍舊是不好。」娼妓是男權社會利用金錢對婦女的一種剝削，娼妓合法化只會促進對女性的不尊重，跟爭取男女平等的方向背道而馳！西方的婦女主義多有強調這點，但我們卻難以在港、台的激進婦女主義者口中聽到任何對賣淫的批評！

「性工作」是好工作？

一些人不單不批評賣淫活動，為了貫徹替「性工作」除污名化的意識形態，更著力美化、歌頌賣淫。如何春蕤便以高姿態地說性工作就是好工作！[3]看來中學和大學的就業輔導處要多點介紹這種「好工作」了。她的理據是性工作者的自主程度正在日日提升，所以已改變了工作者和業者之間的權力關係，剝削和蹂躪已經是不符事實的描述。何春蕤更指控社會人士的無知！在二○○二年八月三十一日的《蘋果日報》中，湯禎兆也寫了一篇〈用新思維審視性工作〉的文章，他認為我們對「性工作」有太多誤解，因為「文明社會中性工作者的入行決定背後，通常都有一重夢想在基礎支撐，於是過去抱持救人出火坑的上下不對等思維，究其實已到了不得不重整的階段；而她們要求的不過為實現自己的夢想，以及一個受保障和合理的工作環境」而已！因此我們需要「反省私人一己的偏執以及對性工作者的歧見所在」。

這類美化賣淫的新思維在港、台愈來愈流行，它讓我們更重視娼妓本身的聲音和明白賣淫背後的情況可能比一般人所想像的複雜一些，所以也有正面價值。然而新思維不一定對，有時為了針對舊思維，它甚至會矯枉過正。究竟**一般而言**，賣淫是否真的是一種社會應正面提倡和嘉許的「好工作」呢？我相信答案是否定的。就以湯禎兆引用的《亞洲性坊間——性工作者的現實與夢想》[4]而言，裏面的例子仍然顯示，賣淫「和社會剝削關係密切，因為遇人不淑又或是男女不平等的外在環境影響，固然仍然觸目皆是，集中提及東南亞的性工作者大多離不開以上的困局」。這可是湯禎兆自己的總結！可惜他只抓著一兩個例子（如日本的Saitona）就大造文章，並得出「娼妓通常是有夢想」的結論。其實大多數娼妓的「夢想」都很明顯，就是賺錢，這只是常識而已。要知道一個人有沒有真正的夢想，我們最重要是看他肯不肯放棄回報、犧牲自己的金錢和時間，例如一些藝術工作者寧願傾家蕩產也要拍一部好戲，他們就真的是有夢想。要知道有多少妓女的夢想是賣淫本身，我們要問：她們是否願意為所有陌生人提供免費性服務？假若有這麼多熱衷於性服務的婦女，當年日軍也不用靠武力去找慰安婦吧！

我們的確要聽妓女的現身說法，但卻不可盲目地聽片面之辭。首先，走出來高調地說自己很喜歡賣淫，在提供性服務時經常有性高潮的妓女只是少數；身心都受摧殘、染上賭癮毒癮性病、終生孤獨、老來淒涼的妓女的悲劇卻多不勝數。其實在一九八五年組成的妓女組織已認為妓權運動（如Whisper）美化了妓女的工作，忽略了女性在強迫性交易下的可憐待遇，將受害者美化為性解放者。第二，作任何調查、找樣本時，我們都要提防有意或無意的偏差。那些性工作者的自白書要求妓女主動地暢談賣淫生涯的詳情，哪種人會較願意接受訪問？是那些「喜愛」賣淫（至少可說服自己或為了利益如此說）的妓女，還是那些感到悲慘和羞恥的妓女呢？（更何況編輯這種自白書的人通常都有清晰的政治議程，他們收集故事的時候會否有**不自覺**的偏差呢？）第三，我們也不可只看表面，如台灣的「終止童妓協會」祕書長李麗珍表示，許多接受他們輔導的青少女性，剛開始會說是「自願」的，但再深談後，才發現其實背後有很多原因，例如有一位單親家庭少女，她的父親不管她，姐姐有精神病，祖父也生病了，自己又沒有一技之長，為了錢只好從事援助交際，這怎麼可以說是自願的！[5]第四，要了解賣淫的實況，也要從嫖客的角度看和聽他們的自白！誰可否認很多嫖客純粹把妓女看作洩慾工具，期望又便宜又「多元化」的服務，但又同時鄙視她們呢？

美化賣淫者亦經常強調現今妓女的自主性，認為她們不再是被動的云云。我不太明白，究竟那些在中國大陸被賣到香港，每天要不停接客以還錢及「做足N味任砌任做」（如每天舔十多個肛門）的女子有甚麼自主性？[6]所以何春蕤的講法基本上是脫離現實，或把少數例子無限放大。我也很難明白為何「情慾場景的多樣化⋯⋯改變了工作者和業者之間的權力關係」，若沒有金錢的報酬，妓女為何要費勁去「挑逗」嫖客？著名女性主義者安德烈亞・德沃金（Andrea Dworkin）對賣淫的批判很值得參考，她提醒我們賣淫不是抽象理念，我們要具體地理解它。她深信嫖妓本質是一種侵犯，甚至是侵犯人權的罪行。妓女常常感到自己像標靶，完全被非人性化，甚至感受到男性的憎恨和蔑視。因此她們不能再感到自己是完整的，她們好像無家和無名無姓似的。

從經驗角度看，賣淫的壞處和不健康的地方實在不用多談。性病蔓延不單影響公共衛生，有時無辜的配偶或下一代也會受害。嫖妓對男性的人格和身心健康的影響也不是正面的。娼妓合法化更會為社會風氣帶來負面的影響，是商業邏輯霸權的徹底勝利。傳統社化過程正在瓦解，年青人的價值觀愈來愈貼近「底線倫理」：不傷害人、不犯法就成，所以一件事情是否合法，對青少年的價值取向肯定會有影響。娼妓合法化令賣淫集團更容易引誘一些少女或失業婦女當娼，令娼妓人數繼續上升！特別是一些心智未成熟的少女，難道我們希望見到她們為了物質享受而淪為洩慾工具，斷送一生嗎？

公共政策的角度

賣淫既然問題重重，那社會就不應鼓勵賣淫，以及應盡量減少娼妓的數目（縱使不能禁絕）。證明的責任在支持娼妓合法化那方。在現時香港的法例下，賣淫及嫖妓本身並非不合法，政府採取的只是**限制政策**（Restriction Policy），打擊操控娼妓賣淫的活動。

很多人心目中的「合法化」其實是指**規管政策**（Regulation Policy）：把賣淫限制在「紅燈區」內，實行妓女註冊制度（公娼）及強制性醫療檢查，以保障公共衛生及公共治安，並減少黑社會操控。基督徒不一定要盲目反對這種意見，但我經過思量，發覺這種政策不太可行，且利少弊多。若要成立紅燈區，香港人口密集，應設於哪一區？倘若在偏遠地方設立，多數妓女仍會在旺區經營，紅燈區根本不能杜絕非法賣淫。荷蘭的例子顯示非法移民和不想為人所知的妓女都不會向政府登記，且很多妓女根本不想交稅和被逼作衛生檢查，最近一段新聞報道更指出荷蘭的公娼還有不少空缺呢！台灣的經驗告訴我們，公娼往往成為私娼（包括雛妓）的掩護。[7]

這種政策對社會風氣的影響亦是難以避免的，對一般人來說，規管和正常化是難以區分的！我也相信這種政策不會解決黑社會操控、執法人員濫用職權和欺壓妓女的情況。妓女傳播性病的問題也不會有大改善。[8]其實今天的激進派對紅燈區的建議並不滿意，因為這仍是對「性工作者」的限制，他們提倡娼妓的全面合法化及社會文化的革命：娼妓與其他職業再無分別，且要為「性工作者」徹底消除污名。這建議肯定會產生上面所提及的種種倫理和社會問題，也沒有多大民意基礎，因為部分市民支持的「合法化」通常是指規管政策。所以現時政策雖不圓滿，但看來已是在平衡各樣考慮後產生最少問題的方案了。

反對娼妓合法化不一定是道德主義，因為不少關心娼妓者不認為這是出路(包括很多女性主義者)。希望不同意這看法的人以開放和真正寬容的心聆聽他人的意見，不隨便扣別人帽子和把別人妖魔化。這議題還是會再被提出來的，教會應多作準備及開展關懷娼妓的事工。

參考書目

Dworkin, Andrea. 'Prostitution & Male Supremacy', in *Life & Death: Unapologetic Writings on the Continuing War Against Women*. London: Virago, 1997, pp.139~51.

何春蕤，〈性工作，好工作〉，《明報》，2001年2月13日。

羅素，《婚姻與道德》，香港：經典出版社，年份缺，第11章。

註釋

1《蘋果日報》，2000年7月10日。

2 本文的批評主要是針對這些完全否定性道德的性革命分子，有些支持娼妓合法化的人並不是這樣激進的，他們主要是從政策層面考慮。我承認這方面有討論空間，但因著篇幅限制，本文只能簡略回應各種問題。

3 何春蕤：〈性工作，好工作〉，《明報》，2001年2月13日。

4 王歡等著：《亞洲性坊間——性工作者的現實與夢想》(香港：進一步，2002年，初版)。

5〈從事援交少女多數被逼　幾乎所有色情業用「援交」包裝誤導少女陷入火坑〉，《台灣日報》，2002年5月25日。

6 有些讀者認為我這樣説是在「突出不必要而偏頗，是相當令人厭惡的取材」，所以我是片面選取「令讀者噁心的描繪」，藉著「引起讀者情緒上的反感來打擊對手」。我對這種回應有點詫異，關於我動機的指控純是猜測，沒有根據，不用多談。至於我正文的描述只是一個**典型**的砵蘭街妓女的日常生活的寫實報道！問題正在這裏：一般人感到嘔心的行為卻是一些人日復一日的工作，這值得鼓勵和歌頌嗎？其實大家去參觀一下油尖旺的「架步招牌」，看一下報紙上的嫖妓指南，就可明白一二。不可忘記賣淫這「服務」行業中也有很大的競爭，不能提供愈來愈出位的「服務」的難免被淘汰的命運，所以情況只會壞下去。我們很難想像有「自主性」的妓女會有很多顧客——哪個嫖客不喜歡作「皇帝」，要甚麼「服務」有甚麼「服務」呢？

7 參沈美真：《台灣被害娼妓與娼妓政策》(台北：前衛出版社，1990)。

8 文章篇幅不夠詳細解釋，參沈美真：《台灣被害娼妓與娼妓政策》。

同性戀的起源：先天抑或後天

葛琳卡 臨牀心理學家

翻譯：胡道航

香港的同志團體一直聲稱同性戀是與生俱來的，這種性傾向不應受到歧視。他們甚至要求制定「反性傾向歧視條例」，防止同性戀者的「權利」被「剝奪」。究竟同性戀是先天的還是後天的呢？本文嘗試從生物學、心理學及社會學的角度分析同性戀的起源問題，並深入檢視一些支持同性戀先天論的遺傳學、產前神經激素、神經解剖學等方面的「證據」，盼望能減少和糾正一般人對同性戀起源的誤解及不正確觀念，引發更多在這方面的討論，從而讓大眾對同性戀有更全面的認識。

同性戀的起源

1. 生物學對同性戀起源的解釋

a. 遺傳學的證據

i. 間接的基因研究

雖然同性戀與家庭有關，但這並不表示同性戀是遺傳的。很多遺傳學家對同卵雙生兒及異卵雙生兒進行了研究，試圖證明遺傳基因跟同性戀有關，其中最具影響力的是貝利（Bailey）和皮勒（Pillard）的研究（1991, 1993）。他們在同性戀社羣中找出一些有雙生兄弟姊妹的同性戀者，調查他們的雙生兄弟姊妹的性傾向。報告指出男性同卵雙生兒（identical twins）的一致比率[1]是52%，即52%的同卵雙生兒兩兄弟都有同性戀偏好，男性異卵雙生兒（fraternal twins）的一致比率是22%；女性同卵雙生兒的一致比率是48%，女性異卵雙生兒的一致比率是16%。

貝利和皮勒的研究有一令人關注的地方，就是他們在一些支持同性戀的雜誌及小報刊登廣告招募雙生兒。同性戀者為了這項研究能出現一些對他們有利的結果，於是有同性戀雙生兄弟姊妹的同性戀者便很願意參與研究，而沒有同性戀雙生兄弟姊妹的同性戀者便不大願意參與，樣本偏誤（sample bias）因而出現。

貝利之後所作的研究有力地推翻初期的研究結果。他獲准向在澳洲雙生兒登記處登記了的雙生兒寄出問卷，調查他們的性偏好及性經驗。貝利這個研究（Bailey, Dunne & Martin, 2000）的結果顯示，男性同卵雙生兒的一致比率是20%，男性異卵雙生兒的一致比率是0，女性同卵雙生兒的一致比率是24%，女性異卵雙生兒的一致比率是10%。

上述的研究結果指出了初期的研究明顯出現了樣本偏誤，這偏誤亦令人質疑遺傳因素對同性戀的形成有多大影響。貝利和他的同事承認新的研究結果未能提供有力的證據，支持遺傳因素對同性戀傾向的形成起著重要作用的看法。換句話說，遺傳或許並不是同性戀形成的重要因素。

ii. 直接的基因研究

迪安・哈默（Dean Hamer）和其他研究員做了一個研究（Hamer, Hu, Magnuson, Hu & Pattatucci, 1993），他們聲稱即將發現「同性戀基因」。研究員先訂了一個假設，認為有多種類型的同性戀，其中一種能通過母親的基因（即X染色體）遺傳給下一代。他們從一個愛滋病治療計劃中挑選76個男人，這些男人都有同性戀兄弟，他們的母方家族大多有同性戀傾向，而父方家族則沒有。研究員檢查這一羣男人的X染色體，發現40對同性戀兄弟中，33對兄弟的X染色體某區域的模樣是相同的，遠高於預期的隨機並存水平（Random Concurrence Level），研究員便假定這區域涉及決定人類的性傾向。

根據斯坦頓（Stanton）與雅豪斯（Yarhouse）的研究（2000），哈默的研究有其問題和限制。首先，其他研究隊進行相同的研究，可是不能得出相同的實驗結果。其次，哈默和他的同事並非找到「同性戀基因」，因為他們所指的「同性戀」不是一般的同性戀，他們只能從某一類男同性戀者發現這染色體標記，而這些男同性戀者都有一個同性戀兄弟，並且他們的家族出現了強烈的「母體傳遞」（Maternal Transmission）。但事實上，兩兄弟都是同性戀者的情況並不普遍，我們亦不知道有這種母體傳遞的男同性戀者的數目有多少。最後，研究員發現這種染色體標記並不是引致同性戀所必需的（necessary）或足夠的（sufficient）條件——有這染色體標記並不表示就是同性戀者，所以不是一個足夠的條件；沒有它又不表示就不是同性戀者，所以不是一個必需的條件。

瓊斯(Jones)和雅豪斯(2000)指出，如果哈默的發現是可靠的，可能表示了一些染色體標記能夠使人發展出某種性格、性情或特徵，而這種性情或特徵成為了部分同性戀者被同性吸引的原因。但這些染色體標記並不會決定人的性傾向，它們只能夠使人有較大的機會發展出同性戀傾向，間接引致同性戀出現。

b. 產前神經激素假說(Prenatal Neurohormonal Hypothesis)

埃利斯(Ellis)和埃姆斯(Ames)(1987)根據他們的動物實驗結果，提出懷孕期的第二至五個月，胚胎受到多種性激素刺激，性傾向便從此定型，但是人類的情況不一定和動物的相同。莫尼(Money, 1987)則認為單憑懷孕期的激素作用，並不足以注定一個人永遠是同性戀者，還要考慮他／她的成長經歷，況且，沒有證據顯示所有同性戀者都受到產前激素作用的影響。而產後激素的研究指出，同性戀者和異性戀者的激素成分和生理結構都沒有明顯的分別。

c. 神經解剖學(Neuroanatomy)的證據

勒維(Le Vay, 1991)對屍體進行檢驗，發現同性戀者的INAH-3(腦部的一種組織)較一般人細小。這個發現帶出多個問題，但研究所採用的方法卻出了嚴重的問題。首先，他只檢驗了35具屍體，這數目對於進行研究來說實在是太少了。另外，勒維按著死者的醫療記錄來分辨他們的性傾向，凡醫療記錄上沒有註明是同性戀者的，便被列為異性戀者。但其實接近一半死者的性傾向是不明確的。還有，愛滋病病毒及愛滋病療法均可能改變INAH-3的大小及形狀，我們不能肯定他的研究結果是跟同性戀有關還是跟愛滋病或其療法有關。最後，研究員無法確定是細小的INAH-3導致同性戀傾向，還是同性戀傾向導致INAH-3出現變化。

2. 心理學對同性戀起源的解釋

比伯（Bieber, 1976）根據他的臨牀經驗及對100名男同性戀者的調查，提出男人成為同性戀者，是由於童年的成長受到嚴重干擾。這些男人的爸爸可能對他們漠不關心、又常常拒絕他們，他們心中便暗暗渴望跟男性有親密的關係。他們的媽媽可能太過愛護他們，凡事都過問、管束，以致他們不能建立完整的男性身分（male identity）。

關於同性戀的形成，行為假說（Behavioral Hypotheses）指出，一個人童年的學習經驗（包括性經驗）塑造出他／她的性傾向。一個曾被同性戀者性侵犯的兒童，可能會將那次經歷作為日後性幻想的依據，並且將自己界定為同性戀者。

斯托姆（Storm, 1981）指出性傾向通常在青春期確立。男孩子和女孩子一般都在青春期才有較多接觸機會，男孩子的性慾在這時候開始旺盛，能有助他們發展出異性戀傾向。但是，男孩子的性慾如果過早旺盛，他們有可能將身邊的同性朋友作為對象，發展出同性戀傾向。女孩子出現這種情況的機會較低，因為她們的性慾較遲才旺盛。

3. 社會學對同性戀起源的解釋

金賽（Kinsey）等學者（1948, 1953）認為，童年如果有深刻的性經驗，那個經驗會有重複的傾向。如果那是一個與同性的性經驗，則日後很可能發展出同性戀傾向。

貝爾（Bell）等學者（1981）做了路徑分析（Path Analysis），發現「童年性別不協調」（Childhood Gender Nonconformity）是男性成年性偏好的重要預兆。他們又認為在成年同性戀傾向的發展中，性感受比性活動起著更重要的作用。

范懷克（Van Wyk）和蓋斯特（Geist）（1985）進行了路徑分析，發現青春期後期的社交經驗是成年同性戀傾向的重要預兆，青春期的經驗會被帶進成年階段。他們認為樣貌長得有點像異性的兒童，可能會以為自己是個同性戀者。如果這些兒童受到同性同伴排斥，他們日後可能不會對異性產生興趣。范懷克和蓋斯特又指出，兒童的性嬉戲如果太過分，如涉及手淫、口交、性交等，這些經驗都會形成性興奮和性滿足，導致兒童繼續幻想和參與同性的性行為，導致成年以後發展出同性的性偏好。

不少人都認為女同性戀者的關係是基於情感而不是情慾，心理治療師提出女同性戀關係有「融合」的現象。布里亞・懷特黑德（Briar Whitehead, 1996）認為女同性戀者對自己的女性身分（female identity）作了防衛性的拒絕，以致她們會從與同性伴侶的親密關係尋找彌補或補償。所以，在女同性戀者關係的表面「融合」裏，蘊含著對自我女性身分的抗拒。

莫伯利（Moberly, 1983）說兒童如果在幼年時遇到特別事件，以致他／她對同性父母的依戀受到破壞，他／她的性別身分認同和角色模仿會因而受到妨礙。[2]由於他／她對同性父母的需要——就是愛、依靠和認同——仍然存在，這些需要如果被厭惡和敵意情緒充斥，便會產生「同性矛盾情感」（Same-sex Ambivalence），這種情感會流露在和同性伴侶的關係中，出現同性戀情況。關於女同性戀者的童年和青春期的研究結果都引證了莫伯利的論說，並且指出女同性戀者通常和男性的關係很惡劣。

貝爾、溫伯格（Weinberg）和哈默史密夫（Hammersmith）（1981）從多個研究發現，女同性戀者和媽媽的關係通常都較一般女性惡劣。尼古洛斯（Nicolosi, 1991）認為兒童跟同性父母不和，會使他們融入同性羣體時出現困難。女同性戀者回憶童年及青春期跟同性同伴的關係時，通常會感到很痛苦。貝爾等學者（1981）認為「童年性別不協調」——覺得自己跟同性同伴「不同」——是女性日後發展出同性戀傾向的第二個重要預兆。

懷特黑德（1996）指出很冷漠和很粗暴的男人都會令女人失去異性戀的興趣。女人如果曾和男人有惡劣地相處的經驗，或曾被男人性虐待，她們很可能會選擇同性戀。范懷克和蓋斯特（1985）發現有些女孩子被其他女性撫摸後學會了手淫，並且發展出同性戀傾向，而她們長大後表示只有女性能夠在性方面吸引她們。貝爾等學者(1981)的路徑分析顯示，女同性戀者與母親的惡劣關係、童年性別不協調，以及青春期與同性的性行為都會導致成年出現同性戀傾向。

總結

盼望以上關於同性戀成因的探討——它是先天的還是後天的——能夠讓讀者對這課題有一整全的概念。遺傳學家對基因的間接及直接的研究都出現了不少漏洞，他們不能得到有力的證據支持任何結論。遺傳學的權威學者質疑這些研究的正確性，[3]並指出生物學現在還沒有充分論據建立同性戀傾向是與生俱來的理論。[4]直到現在，各項研究報告還未能讓生物學發展出任何性傾向理論，關於同性戀成因的生物學科研結果仍不能確立任何結論，換句話說，生物因素不會「導致」同性戀，同性戀亦不是在生命初期便被注定了的。

很多學者認為社會和心理因素對同性戀傾向的發展起著更重要的作用。賓(Byne)和帕森斯(Parsons)(1993)就性傾向提出了一個「互相作用模型」(Interactional Model)，他們認為基因能影響人的個性發展，而人的個性則影響他／她怎樣面對環境，性傾向就在他／她成長時顯露出來。安妮・福斯杜-斯特林(Anne Fausto-Sterling, 1985)指出一個行為可能是由很多因素導致的，生物因素雖然可以影響行為，但行為亦能反過來改變人的生理機能。魯思·哈伯德(Ruth Hubbard, 1990)觀察到社會對恰當性行為及性活動的規範，幾乎能夠對身體每個系統都構成影響。這些發現都指出基因或許能影響同性戀傾向的形成，但社會和心理因素對同性戀傾向的發展起著更大的作用，而人的同性戀經驗及行為亦能導致他／她的生理機能出現變化。

參考書目

Bailey, J. M.; Dunne, M. P.; and Martin, N. G. 'Genetic and Environmental Influences on Sexual Orientation and Its Correlates in an Australian Twin Sample', *Journal of Personality and Social Psychology* 78(2000): 33.

Bailey, J. M. and Pillard, R. C. 'A Genetic Study of Male Sexual Orientation', *Archives of General Psychiatry* 48(1991): 1089~1096.

Bailey, J. M.; Pillard, R. C.; Neale, M. C.; and Agyei, Yvonne 'Heritable Factors Influence Sexual Orientation in Women', *Archives of General Psychiatry* 50(1993): 217~23.

Bell, A. P.; Weinberg, M. S.; and Hammersmith, S. K. *Sexual Preference. Its Development in Men and Women.* Bloomington. Indiana: Indiana University Press, 1981.

Bieber, J. 'A Discussion of Homosexuality: The Ethical Challenge', *Journal of Consulting and Clinical Psychology* 44(1976): 163~166.

Byne, William and Parson, B. 'Human Sexual Orientation: The Biological Theories Reappraised', *Archives of General Psychiatry* 50(1993): 228~239.

Cameron, Paul; Cameron, Kirk; and Landess, Thomas. 'Errors by the American Psychiatric Association, the American Psychological Association, and the National Educational Association in Representing Homosexuality in Amicus Briefs About Amendment 2 to the U.S. Supreme Court', *Psychological Reports* 79(1996): 383~404.

Ellis, L. and Ames, M. A. 'Neurohormonal Functioning and Sexual Orientation: A Theory of Homosexuality-heterosexuality', *Psychological Bulletin* 101(1987): 233~258.

Fausto-Stering, A. *Myths of Gender: Biological Theories About Women and Men*. New York: Basic Books Inc, 1985.

Hamer, D. H.; Hu, S.; Magnuson, V. L.; Hu, N.; and Pattatucci, A. M. L. 'A Linkage Between DNA Markers on the X Chromosome and Male Sexual Orientation', *Science* 261(1993): 320~26.

Hubbard, R. *The Politics of Women's Biology*. New Brunswick: Rutgers University Press, 1990.

Kinsey, A. C.; Pomeroy, W. B.; and Martin, C. E. *Sexual Behavior in the Human Male*. Philadelphia: W. B. Saunders, 1948.

Kinsey, A. C.; Pomeroy, W. B.; Martin, C. E.; and Gehhard, P. H. *Sexual Behavior in the Human Female*. Philadelphia: W. B. Saunders, 1953.

LeVay, S. 'A Difference in the Hypothalamic Structure Between Heterosexual and Homosexual Men', *Science* 253(1991): 1034~37.

Moberly, E. R. Psychogenesis. *The Early Development of Gender Identity.* London: Routledge & Kegan Paul Ltd, 1983.

Money, J. 'Sin, Sickness, or Status? Homosexual Gender Identity and Psychoneuroendocrinology', *American Psychologist* 42 (1987): 384~399.

Nicolosi, J. *Reparative Therapy of Male Homosexuality.* Northvale, NJ: Jason Aronson Inc, 1991.

Stanton, L. J. and Yarhouse, M. A. *Homosexuality: The Use of Scientific Research in the Church's Moral Debate.* Illinois: InterVarsity Press, 2000.

Storms, M. 'A Theory of Erotic Orientation Development', *Psychological Review* 88(1981): 340~353.

Van Wyk, P. H. and Geist, C. S. 'Psychosocial Development of Heterosexual, Bisexual and Homosexual Behavior', *Archives of Sexual Behavior* 13(1985): 505~544.

Whitehead, Briar. 'Lesbianism: Causality and Compassion', *Journal of Psychology and Christianity* 15 (4)(1996): 348~363.

註釋

1 基因相關的人共同擁有某特徵的比率稱為一致比率（Concordance Rate）。

2 兒童從同性父母獲得依戀（attachment）、依靠（dependence）和認同（identification），然後進行性別身分認同（gender identification）和角色模仿（role-modeling）的成長步驟。

3 Paul Cameron, Kirk Cameron, and Thomas Landess. 'Errors by the American Psychiatric Association, the American Psychological Association, and the National Educational Association in Representing Homosexuality in Amicus Briefs About Amendment 2 to the U.S. Supreme Court,' *Psychological Reports* 79 (1996): 396.

4 William Byne and B. Parson. 'Human Sexual Orientation: The Biological Theories Reappraised,' *Archives of General Psychiatry* 50 (1993): 228.

同性戀的健康問題及性傾向改變

葛琳卡 臨牀心理學家

翻譯：胡道航

近年來，香港的同志團體要求制定「反性傾向歧視條例」，以確保同性戀者跟異性戀者享有相同的權利，例如戀愛、婚姻、以夫婦名義申請社會福利、領養兒童等等。究竟同性戀者是否跟異性戀者無異呢？本報告從病理學、性傾向的易變性、兒童受性侵犯的證據、同性戀子女的性傾向和適應問題等各方面探討同性戀，盼望能減少和糾正一般人對同性戀的誤解及不正確觀念，並引發這方面更多的討論，從而讓大眾對同性戀有更全面的認識。

從病理學看同性戀

其實，西方一直有不少研究顯示：同性戀者較容易從性接觸感染淋病、梅毒、甲型及乙型肝炎、肛門花柳疣(Anorectal Veneral Warts)、巨細胞病毒(Cytomegalovirus)及愛滋病等疾病。女同性戀者感染性病的比率高於一般女性。同性性行為往往導致直腸和肛門括約肌嚴重受損(Barone, Yee, & Nealon, 1983)。「肛交的累積效應是肛門括約肌操作失常。三分一進行過肛交的男性出現了慢性大便失禁。異物(如陰莖、手指等物體)一旦進入直腸，情況就更嚴重。直腸的黏膜層極敏感，它受刺激後會出現腹瀉、痙攣、生痔、前列腺受損、潰瘍及裂縫(容易導致發炎)等一連串現象。直腸的薄膜很易穿孔，但穿孔後並不會出現痛楚。事主直到出現了嚴重的併發症，才知道發生了甚麼事。修補直腸的手術涉及很多複雜的步驟。」[1]

大量研究報告認為，同性戀會導致心理及社交危機、情緒低落、過多病態思想(Excess Morbidity)和死亡。[2] 多個研究指出，同性戀社羣有以下問題：較多企圖自殺事件、酗酒、較需要心理治療服務、不穩定的戀愛關係、經常被警察拘捕、受孤獨和沮喪困擾的比率較高。一些研究指出，男同性戀者出現較多受精神壓力的病徵，他們的壽命較一般男性短；女同性戀者則有較多精神困擾，她們酗酒的問題較一般女性嚴重，並且不及一般女性快樂。

普特拉(Prytula)、韋爾福德(Wellford)和德蒙布因(Demonbreun)(1979)指出同性戀青少年男性出現較多心理問題。羅斯勒(Roesler)和戴理舍(Deisher)(1972)發現同性戀者在青春期的企圖自殺率較高。庫蘭尼(Kourany, 1987)調查了**一羣服務青少年人的精神科醫生，他們都表示同性戀青少年人有較嚴重的企圖自殺傾向**。

勞曼(Laumann)、加農(Gagnon)、邁克爾(Michael)和邁克爾斯(Michaels)(1994)的全國民意調查顯示，同性戀者的不快樂程度較離婚人士嚴重，他們的不快樂程度和窮人相約。溫伯格(Weinberg)和威廉斯(Williams)(1974)在三個國家進行了調查，發現同性戀者不及一般人那麼開心，也不及一般人那麼信任別人。

性傾向的易變性

不少同性戀者主張，同性戀是先天的，而且是不能改變的。但不少研究報告都指出，同性戀者的性傾向並非在生命初期就被注定而無法改變(Eckert, Bouchard, Bohlen & Heston, 1986)。事實上，他們的性傾向是可以改變的。

拉梅費德(Ramafedi)、雷斯尼克(Resnick)、布盧姆(Blum)和哈里斯(Harris)(1992)在明尼蘇達對34,706個七至十二年級的學生進行性傾向調查，發現十八歲的學生表示有同性戀或雙性戀傾向的比率，比十二歲學生有兩種性傾向的比率減少了一半。其中一個解釋，就是年輕的學生可能不太明白甚麼是「性傾向」；另一個解釋是，當中有一半人在六年間決定完全放棄同性戀／雙性戀傾向——這觀點和以下的研究互相吻合。

貝爾(Bell)、溫伯格和哈默史密夫(Hammersmith)(1981)對979個同性戀者和477個異性戀者進行研究，發現有些人在做了第一份性傾向評估後，性感受和性行為出現改變，其中同性戀者改變性傾向的比率都高於異性戀者。有些人的性傾向更出現了第二、第三，以至是第四次改變，而同性戀者有第二、第三，以至第四次改變性傾向的比率仍然偏高。

卡梅倫(Cameron)、普羅克特(Proctor)、科伯恩(Coburn)和福德(Forde)(1985)調查了4,340個成年人，指出有部分現在自認是異性戀的人曾經擁有一段同性戀「婚姻」，有部分現在自稱是異性戀的人正擁有一段同性戀關係，有不少現在自稱是雙性戀或同性戀的人曾經有一段異性戀婚姻。

美國國家同性戀研究及治療協會(National Association for Research and Therapy of Homosexuality)以兩年時間研究860個決心克服同性戀傾向的人士，發現他們大都改變了性傾向，他們的同性戀幻想和行為的頻率及程度都顯著降低了，這些改變都有足夠的證據支持。99%的受訪者説改變治療很有效、很值得嘗試。有受訪者表示他們改變性傾向後，心理和人際狀況都改善了。

斯皮策(Spitzer, 2001)對200個參與同性戀治療的人士進行研究，[3]發現他們接受治療後，性傾向有顯著的改變——同性對他們的吸引力大大減少，很多人發展出「良好的異性戀運作」(good heterosexual functioning)。**他們表示接受治療後，沮喪抑鬱的程度顯著降低了**。

兒童受性侵犯的證據

很多研究都指出，同性戀者性侵犯兒童的傾向較一般人強烈，「約三分一被舉報的兒童被性侵犯案件涉及同性戀活動」(Cameron, 1985)，曾被性侵犯的男童長大後，有較強烈的性侵犯男童傾向(Bagley, Wood & Young, 1994)。

另外，不少研究指出，同性戀教師確實對學生構成威脅。同性戀教師鼓勵學生接受和嘗試同性戀，他們性騷擾及性侵犯學生的比率都高於一般非同性戀教師（Cameron & Cameron, 1995）。

同性戀者子女的性傾向和適應問題

不少研究指出，同性戀者的子女發展出同性戀或雙性戀傾向的比率高於一般人的子女（Bailey, Borrow, Wolfe & Mikach, 1995; Bigner, 1991; Patterson, 1992）。賈維德（Javaid, 1993）和劉易斯（Lewis, 1980）指出，女同性戀者的孩子在適應媽媽的同性戀傾向時面對很多困難，跟媽媽的情人相處亦令他們很煩惱。由於社會還未能接受同性戀，這些孩子為了隱瞞媽媽的性傾向，承受著與同伴疏離的痛苦——這造成了他們在社交關係建立上的困難。

總結及分析

同性戀者性侵犯兒童的比率高於一般人，同性戀教師性騷擾學生的比率高於一般老師。同性戀社羣有較嚴重的企圖自殺傾向，成員經常被警察拘捕，他們酗酒和濫用藥物的問題嚴重，經常受到孤單和抑鬱情緒困擾。同性戀者對生命滿意的程度（life satisfaction）較一般人低。男同性戀者的死亡率高於一般男性，他們苦痛、傷殘和死亡的危機也較大。

不論從進化論或整全／健康的觀念（wholeness/health concept）看，以上的發現都印證了人類性機能的原本設計及用途；同性戀行為降低生育數字，使有害的性行為出現。對於相信進化論的人士，基因導致同性戀的可能性是極低的。同性戀導致壽命縮短（Cameron, Playfair & Wellum, 1994）、同性戀者令出生率降低——這兩個事實都抵觸了基因原因論（Genetic Etiology）。根據達爾文的天擇假說（Natural Selection Hypothesis），基因突變產生有利生存的特徵（然而，差不多所有突變都導致相反情況出現），人口於是激增，擁有這種特徵的人數亦隨之增加。但是，同性戀卻導致相反的情況出現。哥倫比亞大學內科及外科醫生學院精神學系教授邁倫．巴倫（Miron Baron），在一九九三年七月評論一些聲稱有同性戀基因存在的研究報告時說：「根據進化論，由基因引致的同性戀因為導致生育率下降的緣故，在遠古時便已絕種。」

很多事例和個案都指出，同性戀者如果決心改變、接受治療，他們的性感覺是可以改變的。他們能夠建立良好的異性戀運作，抑鬱情緒會隨之減少。不少學者認為**同性戀傾向主要是由社會和心理因素導致的**。

「性傾向歧視條例」一旦獲得通過，對社會將有深遠的影響，「同性戀是與生俱來、是遺傳的」這一錯誤觀點，將被納入中小學的教科書裏。另外，同性戀者若享有領養兒童的權利，他們也很可能會鼓勵兒童選擇同性戀傾向，而同性戀對兒童的心理成長和社交發展會有很不良的影響。

參考書目

Bagley, C.; Wood, M.; and Young, L. 'Victim to Abuser: Mental Health and Behavioral Sequels of Child Abuse in a Community Survey of Young Adult Males', *Child Abuse and Neglect* 18(1994): 683~697.

Bailey, J. M.; Borrow, D.; Wolfe, M.; and Mikach, S. 'Sexual Orientation of Adult Sons of Gay Father', *Developmental Psychology* 31(1995): 124~129.

Baron, M. 'Genetic Linkage And Male Homosexual Orientation: Reasons to be Cautious', *British Medical Journal* 307(1993): 337~338.

Barone, J. E.; Yee, J.; and Nealon, T. F. 'Management of Foreign Bodies and Trauma of the Rectum', *Surgery, Gynecology & Obstetrics* 156(1983): 453~457.

Bell, A. P.; Weinberg, M. S.; and Hammersmith, S. K. *Sexual Preference: Its Development in Men and Women.* Bloomington, Indiana: Indiana University Press, 1981.

Bigner, J. J. 'Sexual Orientation Has Little Effect on Good Parenting', *Rocky Mountain News*. January 30, 1991, p.57 (letters).

Cameron, P. and Cameron, K. *Do Homosexual Teachers Pose a Risk to Pupils?* Paper presented at the Eastern Psychological Association, Boston, April 1995.

Cameron, Paul; Cameron, Kirk; and Landess, Thomas. 'Errors by the American Psychiatric Association, the American Psychological Association, and the National Educational Association in Representing Homosexuality in Amicus Briefs About Amendment 2 to the U.S. Supreme Court', *Psychological Reports* 79(1996): 383~404.

Cameron, P.; Proctor, K.; Coburn, W.; and Forde, N. 'Sexual Orientation and Sexually Transmitted Disease', *Nebraska Medical Journal* 70(1985): 292~299.

Cameron, P.; Playfair, W. L.; and Wellum, S. 'The Longevity of Homosexuals: Before and After the AIDS Epidemic', *Omega* 29(1994): 249~272.

Cox, Paul M., Lecture Notes for Seminar in Ethical Issues. Unpublished. 1997.

Eckert, E.; Bouchard, T. J; Bohlen, J; and Heston, L.L. 'Homosexuality in Monozygotic Twins Reared Apart', *British Journal of Psychiatry* 148(1986): 421~425.

Javaid, G. A. 'The Children of Homosexual and Heterosexual Single Mothers', *Child Psychiatry and Human Development* 23(1993): 235~248.

Kourany, R. F. 'Suicide Among Homosexual Adolescents', *Journal of Homosexuality* 13(1987):111~117.

Laumann, E. O.; Gagnon, J. H.; Michael, R. T.; and Michaels, S. *The Social Organization of Sexuality: Sexual Practices in the United States*. Chicago, IL: University of Chicago Press, 1994.

Lewis, K. G. 'Children of Lesbians: Their Point of View', *Social Work* 25(1980):198~203.

Patterson, C. J. 'Children of Lesbian and Gay Parents', *Child De-*

velopment 63(1992): 1025~1042.

Prytula, R. E.; Wellford, C. D.; and Demonbreun, B. G. 'Body Self-image and Homosexuality', *Journal of Clinical Psychology* 35 (1979): 567~572.

Remafedi, G.; Resnick, M.; Blum, R.; and Harris, L. 'Demography of Sexual Orientation in Adolescents', *Pediatrics* 89(1992): 714~721.

Roesler, T. and Deisher, R. 'Youthful Male Homosexuality: Homosexual Experience and the Process of Developing Homosexual Identity in Male Aged 16 to 22 Yars', *Journal of the American Medical Association* 219(1972): 1018~1023.

Spitzer, Robert, L. '200 Subjects Who Claim to Have Changed Their Sexual Orientation from Homosexual to Heterosexual'. Presented at the American Psychiatric Association Annual Convention, New Orleans, 2001.

Weinberg, M. S. and Williams, C. J. *Male Homosexuals: Their Problems and Adaptations*. New York: Oxford University Press, 1974.

註釋

1 Paul M. Cox, Lecture Notes for Seminar in Ethical Issues. Unpublished. 1997.

2 Paul Cameron, Kirk Cameron, and Thomas Landess, 'Errors by the American Psychiatric Association, the American Psychological Association, and the National Educational Association in Representing Homosexuality in Amicus Briefs About Amendment 2 to the U. S. Supreme Court,' *Psychological Reports* 79 (1996): 392.

3 斯皮策是促成美國精神病學會(American Psychiatric Association)在一九七三年將同性戀從精神病診斷手冊中刪去的一位重要人物。他表示在開始這個研究時是抱著懷疑態度的，認為同性戀者不可能改變他們的性傾向。

應制定「性傾向歧視法」嗎？

關啟文 香港浸會大學宗教及哲學系助理教授

「性傾向歧視法」的爭議

這幾十年的同志運動在西方風起雲湧，激烈衝擊西方的社會和道德，這西洋風也漸漸吹到香港。同性戀非刑事化終於在一九九〇年七月十一日的立法局會議中順利通過了。今天同志運動在香港相當蓬勃，現在他們的主要目標是爭取立法禁止性傾向歧視，任何對待同性戀者的行為，若與對待異性戀者的行為有差異時，就一律視作違法；具體的內容包括：假若我們在就業、居住等領域裏不公平地對待同性戀者(如因僱員是同性戀者而將他解僱)，就應該受到法律制裁。

在「平等機會」、「反歧視」等大氣候下，不少人認為立法保障同性戀者的「平等權利」是天經地義之事。我早年也傾向這樣想，但更詳細地思考令我對「性傾向歧視法」甚有保留，於本文我會簡介我的理據。

為免討論雙方感情用事，我先澄清幾點。我不贊成惡意攻擊同性戀者和亂扣他們帽子。我當然贊成同性戀者應享有同等的基本人權(如思想自由、言論自由、投票權、進出境自由)和有平等機會享用政府提供的福利(如九年免費教育、申請公屋的權利)——但現時法例已賦予他們這些人權。我對「性傾向歧視法」有保留，但我也不同意歧視同性戀者。下文一些批評主要針對激進和高姿態的同志運動，而不是同性戀者本身，他們很多都是真誠和善良的人，我也同情他們面對的一些掙扎。然而由這一切並不能推論出同性**性行為**值得鼓勵，因為真誠地作的事不一定正確。我本身並沒有恐同症，個人對同性戀者也沒有強烈感覺，無論是喜歡或不喜歡。在牛津唸書時，有一次一位姊妹Winnie告訴我，她在宿舍認識了一位同性戀者，問我應怎樣對待他。我就說：像其他朋友一樣對待他便可，認不認同他的行為都不應影響我們對人的接納和關愛，就好像我有些朋友喜歡吸煙、講粗口，他們明知我不贊成，但亦感到可在我面前盡情吸、盡情講。

我不贊成在日常生活歧視同志(這裏「歧視」指「**不合理**的差別對待」)，所以我們應避免不合理地差別對待同性戀者，而在社會層面，同志組織的**合理**訴求我們也不應反對。然而不應歧視同志，不代表我們能**完全**認同同志運動的訴求。第一，縱然某些歧視是不道德，也不代表**要立法**禁止這些歧視，不是所有不道德的事都要立法禁止的——這正是支持同性戀非刑事化的主要論點。第二，很多「歧視」不一定是真正的歧視，因為不是所有差別對待都是不合理的。今天同志運動傾向把「歧視」的內容無限上綱，把所有對他們不利的態度、言論(縱使是事實）和行為都定性為「歧視」，然後千方百計去打壓。這種「反歧視」是難以叫人接受的。第三，我們要區分個人問題與政治問題，假若同志的反歧視運動停留在公民社會的層面，若他們只是用非強制性的手法去宣揚他們的訴求，那不同意的人還可用說理的方法反駁和回應。然而今天同志運動積極爭取以立法和制度性的改變，**強制**別人接受他們的訴求，這是把他們的政治議程和價值觀強加於整個社會，對社會肯定有深遠影響，所以我們不得不小心檢視這些訴求的合理性，以及批判那些不合理的訴求。假使我們今天還不發言，可能有一天再想發言時已不可能了。

「性傾向歧視法」的特性

1.「性傾向歧視法」是一種特殊保護

支持「性傾向歧視法」的人最常提出的理據是：「受反歧視法保護是同志的人權。」然而立法保障某指定組別是特殊保護，不是人權。提倡者希望保障的是「平等機會」，但立法保障的**方法本身**卻是有特殊性，不是每個人或組別都同樣享有的。所以反對「性傾向歧視法」，只是不贊成以法律為同性戀者提供**特別**保護，而不是反對同性戀者享有基本權利。假若受法律**特別**保護是基本人權，我們也應為所有組別（如胖子、醜八怪、口吃者、口臭者、有臭狐者、低智商者、低情緒智商者、「煙民」、嫖客、反同性戀行為者）制定反歧視法。（若有人要提出一無所不包的「反歧視法」或照顧所有組別的「反就業歧視法」等等，我不一定反對。）

2.「性傾向歧視法」是一種不寬容

我們首先看看在外國執行「性傾向歧視法」的後果：一九八九年五月，美國威斯康辛州麥迪遜市有兩名婦女不將房間租給一女同志，因此她們不單被罰款一千五百美元，還要寫道歉信和被逼參加同志教授的「覺醒課程」——當中有很露骨的同性戀行為的描述。美國明尼蘇達州一個天主教教區因為不將它擁有的物業借給一同志組織開會，最後被罰款一萬五千美元，並要賠償二萬美元。很清楚看到，「性傾向歧視法」的本質不是寬容，而是強制：某些「歧視」同志的行為被視為「不正確」，所以要用法律制裁。（這種強制有沒有充足理據是另一個問題，不可混淆。）

我們不應混淆了非刑事化與反歧視法，假若有人立法禁制同性戀，那可說是一種強制，但非刑事化已成事實，現在同志有自由選擇自己的生活方式。不錯，社會中還有人不接受同性戀行為，但只要他們不傷害同志，他們不是也有權選擇自己的價值觀和生活方式嗎？可能支持者認為「歧視」是不道德的，但他們不是反對把道德觀立法嗎？抑或他們只反對把別人的道德觀立法，卻熱衷於把自己的道德觀立法呢？當然這不就代表「性傾向歧視法」不應訂立，因為自由社會的寬容也是有限度的，但「性傾向歧視法」的強制措施有充足的理據嗎？

「性傾向歧視法」的十大疑點

1. 沒有足夠的理據支持「性傾向歧視法」

首先要釐清甚麼叫「歧視」，甚麼是法例應禁止的歧視。加拿大法學家戴爾・吉布森(Dale Gibson)寫了厚厚的一本書討論平等權利：《憲章的法例：平等權利》(*The Law of the Charter: Equality Rights*)，論及「歧視」時說：「縱使某種區別使某些人承受『負擔、責任和不利之處』，這也不必然構成歧視。」[1]只有當那些差別對待是不合理的，差別對待才構成歧視。而只有那些產生實質影響(substantial)的歧視，法庭才應干涉。

甚麼算是「歧視同性戀者」並不是不證自明的，很多所謂「歧視」不一定是真正的歧視，因為不是所有差別對待都是不合理的。例如將「對同性性行為有道德判斷」等同「歧視」就是常見的混淆。此外，關於「歧視同性戀者」，同志運動最喜愛舉的例子就是某些基督教會把同性戀者趕出教會。因此基恩之家不單提倡立法禁止性傾向歧視，更表示不能讓教會有豁免，因為這樣才能保證他們的宗教自由。這種對宗教自由的理解叫人啼笑皆非。同性戀者有宗教自由，這表示政府不能阻止他們信奉他們選擇的宗教和參與宗教團體，但不表示所有宗教團體都一定要讓他們參與。宗教自由當然包括宗教團體自我管理和界定會籍的自由，這種自由政府不應干涉。回教是不准信徒吃豬肉的，假若某人對豬肉有強烈喜好(天生有「吃豬肉傾向」)，甚至在清真寺內屠宰並烹調一頭豬，然後大快朵頤，因此被逐出清真寺，難道這就是歧視有吃豬肉傾向的人，而政府應設立「反吃豬肉歧視法例」嗎？

另一近期被視為歧視的例子是紅十字會的捐血須知，這一指控濫用了「歧視」的概念。事實上有醫學數據顯示同性戀者有高風險患上愛滋病，紅十字會不讓同志捐血是為了確保血液的安全，這種做法是合理的，不算歧視。我們要提防，以規管「歧視」之名去侵犯其他重要的人權，「性傾向歧視法」的危險，就是它會被用來壓制不認同同性戀行為的人的基本人權（如言論自由、良心自由、結社自由、宗教自由等）。

最後（也是最重要），「歧視法」事實上有沒有足夠基礎呢？同性戀者會否在社會受到實質傷害，決定性因素是他們的社會和經濟地位。參考外國的調查，在西方同性戀者的社會和經濟地位甚至高於一般人——正如同志運動所經常宣傳的：同志的智慧和才能比常人有過之而無不及。根據西蒙斯市場調查事務處聯同美國人口調查局（Simmons Market Research Bureau [with the U.S. Census Bureau]）的近期調查，同志的每年家庭收入為55,430美元，而一般家庭的平均收入只有32,144美元。同志中有大學學位的比例較一般人高3倍（59.6%：18%），他們有專業資格或任職管理階層的比例較一般人亦高3倍（49%：15.9%）。[2] 至於香港的情況則不甚清楚（因甚少這方面的調查），在情況不清楚時，我們如何能說有充足理由支持反同性戀歧視法例呢？證明的責任在支持立法者，他們應去搜集足夠的資料，支持同性戀者真的符合弱勢羣體的最低條件，就是「整個羣體的經濟收入、教育水平和文化機會都低於一般人」。

2. 訂立「性傾向歧視法」擴大政府的權力，容易導致權力的濫用

「權力使人腐化」的名言也可應用於「性傾向歧視法」，「性傾向歧視法」會把所有不完全認同同性戀的人置於政府權力之下。誰擔保那些追隨世界大趨勢的議員不會屈服於同志運動持續的壓力下，而把「性傾向歧視」的內容不斷擴充？

3. 若為同性戀訂立「性傾向歧視法」，原則上沒理由不為其他性傾向制定反歧視法

照字面看，「性傾向」也應包括亂倫（近親戀？）、孌童、獸交、姦屍、性虐待、濫交等的傾向。依支持者的邏輯，亂倫、性虐待、孌童的人，都是有人權的弱勢羣體，為何不也制定反亂倫（性虐待、孌童）歧視法案？

4. 制定「性傾向歧視法」會鼓勵不健康的同性性交生活方式

不歧視同性戀者，不代表社會應全面肯定和鼓勵同性戀生活方式，「性傾向歧視法」的通過卻會意味著這種全面鼓勵。同性戀生活方式從公共衛生的角度看也充滿問題，所以政府用法例肯定和鼓勵同性戀生活方式，實在是不合宜的。同性戀者常面對的問題包括肝病、直腸

癌等，這些和社會的「歧視」無關，卻與他們的性行為模式相關。

5. 制定「性傾向歧視法」會衝擊現時的家庭制度和整體社會

從世界各地的同志運動看，同志運動最終不會滿足於單單不受迫害，而是追求同性戀的全面正常化，撲滅所有反對的聲音及顛覆傳統道德。例如在加拿大，同性戀的平等權利得到法律保障，同志運動就以此為理據，成功修改家庭和婚姻的定義！香港的同志運動也已開始爭取同志伴侶和同性婚姻。很多香港人仍持守傳統家庭制度的觀念，強迫他們接受「性傾向歧視法」實在是踐踏他們的信念。

6.「性傾向歧視法」沒有足夠的民意基礎

在民主社會中，考慮應否支持反同性戀歧視法時，也不可忽略它有沒有民意基礎。若政府強行推動沒有民意基礎而又影響深遠的公共政策，那與專制社會有甚麼分別？從這角度看，「性傾向歧視法」是可質疑的，因為同性戀行為不是全無價值上的疑點的，不少香港人仍有這等疑慮(特別就同性性行為和雙性戀而言)。

7.「性傾向歧視法」會對不認可同性性行為者構成不合理的壓力／歧視／不寬容

近年的發展都是對同志運動有利，在可見的將來，接受同性戀者將成為主流的正統(其實在香港知識界中已是如此），不接受同性戀者將成為被邊緣化的異端，他們將會受到歧視和排斥，縱使沒有法例禁止，他們在沉重的文化壓力下，只得噤若寒蟬。不要以為我在順口開河，其實這些轉變在西方國家都已差不多完成，從外國經驗看來，「性傾向歧視法」的確是同志組織攻擊異己（如童軍、教會）的利器。

8.「性傾向歧視法」會使同性戀者比其他受歧視的組別有更優越的地位

上文已指出，「性傾向歧視法」會令同志們成為「受特殊照顧的羣體」。我們似乎沒有理由，要透過法例使同性戀者比其他受歧視的組別有更優越的地位。

9.「性傾向歧視法」在實行上困難重重

甚麼人可受反同性戀歧視法的保障呢？同性戀者的外表、行為和常人一樣，那執法者如何辨別當事人是否要保護的對象呢？只要宣告自己是同志便可？這似乎太「兒戲」了。難道我們要求驗證嗎？但就算我們可當場確定當事人有和同性發生過性行為，如何界定他／她是同志呢？——是指一種不可變的性傾向，抑或曾和同性發生性關係便是同志？

10. 若制定「性傾向歧視法」，也應制定「反性保守歧視法」

香港社會文化呈現一種欲望霸權（tyranny of desire），

任何欲望的實現都是天經地義，任何節制都被視為落伍、心靈未解放……，人們只會嘲笑和加以白眼。整個社會就像患了「道德恐懼症」(morality-phobia)，對那些「道德佬」充滿仇恨。所以持保守性觀念的人在現今社會不單是「他者」，更是「畸者」、「怪者」，很多人都視之為「眼中釘」，欲除之而後快！有不少人因性保守被同事恥笑、排斥，甚至被逼否定自我價值，亦有人因拒絕與上司上夜總會、去嫖妓而被解僱……。或許是時候設立「反性保守歧視法」了，至少政府應資助「反性保守歧視教育」，幫助別人(特別是性解放人士)去明白及接納她／他們。因為無論你是否同意，自由採納性保守的價值觀亦是天賦的基本人權，政府是應該用盡所有方法去保障的！(以上是套用了支持「性傾向歧視法」者的邏輯的。)

結論

我尊重同性戀者的基本人權，但反對將同性戀者權利無限上綱。有些同志運動的訴求是可接納的：社會不應不合理地差別對待他們；應多了解他們，不要亂扣帽子等。但「歧視」的概念很含糊和易於無限擴張，同志所謂的歧視(特別是純粹在態度上的「歧視」)很多不是法例應關注的範圍，而且他們傾向把少數人的議程加於社會大眾。由於種種理由，我不贊成「性傾向歧視法」。

註釋

1 Dale Gibson, *The Law of the Charter: Equality Rights* (Toronto, Ontario: Carswell, 1990), p. 111.

2 同志羣體在政治上和傳媒中也有很大影響力。

回應同志婚姻／伴侶法

洪子雲 香港性文化學會副會長

人人都有權結婚，同性戀者也有權結婚？

其實，現在同性戀者並非沒有權結婚，只是不能與同性別的人結婚。同性戀者事實上所享有的一切基本權利與其他香港人無異。只是無論何人，他們的結婚對象都是有限制的。正如任何人都沒有權利與他／她的父母、子女、兄妹結婚，沒有權利與動物、植物、死物結婚，也沒有權跟同性別的人結婚。同性戀者和異性戀者都是同樣對待的。

其實同志團體爭取同志婚姻／伴侶法本身已預設了同志是可以結婚，但卻沒有提出理據支持。事實上，婚姻制度自古以來都是為男女結合而設的，因男女的結合可以生育兒女，建立家庭，延續人類社會。有的男女不能生育並非情願，只是由於一些生理上的障礙，此外，有些男女暫時選擇不生育，只是出於他們的家庭計劃，他們始終是有生育的潛能。但同性伴侶很明顯是沒有生育的可能性，因為根據自然規律，人類的同性性行為是不能導致生育的，就算他們可能要求領養或接受人工受孕，這依然是表明他們的結合是沒有生育的可能性。

另外領養的主要目的是為孩子找合適的父母，並不是為父母尋找子女，首先的關注是該環境是否適合孩子健康成長。孩子的成長是，從父母兩種性別俱在的環境去學習建立自己的性別角色，以及如何與異性相處。社會上普遍接受，父母兩性健全與和諧的環境才是兒童最健康成長的環境。透過父母兩性彼此相愛，子女才可從而建立出健康的性別角色，及學習與異性相處之道，有助日後建立家庭。故此若父母關係不和諧，是不適合領養兒童的，單身人士亦不適合領養兒童，兩兄弟、兩姊妹又或者兩個好朋友都不適合領養兒童。而同性伴侶很明顯是缺乏了一種性別模範，對於在當中成長的兒童於性別成長方面恐怕有不良的影響，故此也不適合領養兒童。

難道一對彼此相愛的同性戀者就不能結婚、長相廝守嗎？

那倒不一定，其實兩個人在一起，他們根本有權利做任何事情，只要是不傷害他人。他們可以山盟海誓、永不分離，可以大宴親朋；身邊的朋友若然喜歡可以以情侶／伴侶，甚至夫婦稱呼他們；若有機構願意，可以給予他們夫妻般的福利。在這個自由的社會，各人都可行各自喜歡的事；當然這類涉及倫理道德的問題，就如通姦、婚前性行為、吸毒般，其他社會人士亦有權作出批評，但基本上社會並沒有法律禁止這等行為，這已是社會對於不同價值觀的人所作的一種寬容。

但訂立同志婚姻／伴侶法卻很不同。首先要反省婚姻法本身的意義何在。其實值得反問的是，兩個人結婚為何要向政府註冊呢？兩個相愛的人願意彼此委身，豈非只是兩個人之間的事情？為何要政府批准，發結婚證書去證明呢？有沒有結婚證書根本不影響兩人的感情、委身及在親友之間的地位。

但事實上有了結婚證書，社會會給予很多的福利：於大公司工作，配偶也可以享受到醫療福利；已婚人士繳稅可得已婚人士免稅額；可以有資格申請(非單身)公共房屋；可以在沒有遺囑的情況下繼承配偶的遺產等。可見結婚並非只是兩個人私下的事，現今的婚姻制度反映社會是透過立法，使用社會的資源(納稅人的錢)特別地去支持、優惠一男一女之結合，因為社會認為一男一女、一夫一妻的婚姻關係，與其他關係相比，是較穩定長久，也是家庭生兒育女的良好基礎，是社會繁榮和進步的根基，[1] 這亦符合社會可持續發展的原則。故此社會是鼓勵市民進入這種婚姻制度的。

故此，同志伴侶法所涉及的並不是個人人權問題，這與「肛交非刑事化」不同，並不是同性戀者是否有權兩相廝守，成為眷屬的問題；而是社會是否願意撥出社會資源(即納稅人的錢)去支持、鼓吹這一類的結合呢？這實在是整個社會要去共同商討的。而現今同志組織所爭取的同志伴侶法雖只稱為「伴侶法」，但內容實質跟「婚姻法」分別不大，甚至沒有分別，故此很明顯只是「掛羊頭賣狗肉」，實質是要衝擊一夫一妻的婚姻制。

另外要考慮的是，若然通過同志伴侶法，即代表著整個社會對婚姻的觀念要改變，即學校中有關夫妻、父母、家庭的觀念及教育都要改變。因家庭可能不再只是有爸爸、有媽媽，更可能是有爸爸、有爸爸，爸爸愛爸爸。而宗教團體亦需要為同性戀者進行婚禮。故此同志團體要求訂立同志婚姻／伴侶法，並不是要兩相廝守這麼簡單，其實是要透過立法，將一套價值觀念強加於社會民眾之上。尤其若家庭是社會的重要根基的話，同志伴侶法所引起對家庭體制的衝擊實在不容忽視。所以如美國如此開放的國家，都已有三十一個州通過法律，只接納一男一女的婚姻為合法婚姻。而加州更提出二十二號「保障婚姻提案」，提案原文只有十四個英文字：'Only marriage between a man and a woman is valid or recognized in California.' 意思是在加州內，只有一男一女的婚姻是被正式接納及承認為合法的。[2]

從一些研究可見，進行同性戀行為（尤其肛交行為）者較多有濫交、精神病問題，感染可致命及不可致命的性病、乙型和丙型肝炎等的機會亦明顯較大。而同性戀者所組成的家庭缺乏兩性平衡的性別模範，根本不是一個適合兒童成長的環境。故此筆者認為社會不應鼓吹如此的組合。尤其在現今社會，同性戀者並非沒有空間走在一起的，他們根本有權山盟海誓、大宴親朋、長相廝守，可以做任何他們喜歡做的事，亦沒有法例禁止他們，故此沒有訂立同志婚姻／伴侶法的需要。另一方面，同性戀行為實在是社會中極具爭議性的問題，社會中大多數人士都認為這是不道德的行為，強行立法只是強迫社會中所有市民去接受一些他們認為不道德的事。

最後同志團體始終沒有回應的是，若然兩個同志可以作伴侶申請公屋，那為甚麼兩個朋友不可以呢？為甚麼亂倫、人獸交、孌童、戀物、同居的不可以算為有伴侶，不可以結婚申請公屋呢？甚至不只打破性別限制，並且打破數目限制，三男四女、五男四女又為何不可呢？理由何在？男女作為夫妻是幾千年來傳統的婚姻模式，全人類，甚至動物、自然界都已接受。「同志婚姻／伴侶」的合理性並非不證自明的，「同志婚姻／伴侶」是會影響社會對「婚姻」的定義，衝擊社會的婚姻制度的。若然要社會接受同志伴侶法，必須要提出足夠理由，否則其他形式的組合，例如：多男多女、亂倫、人獸、孌童、戀物、同居等等，也會紛紛要求合法化。最終若然甚麼樣的結合都可以稱為「婚姻」的話，婚姻又有何意義呢？婚姻制度亦會隨之瓦解。筆者雖然承認現今一夫一妻制下亦有不少家庭問題，但社會若認為一夫一妻制是比較理想的婚姻制的話，社會就更應做更多婚姻家庭的教育及輔導工作，去建立鞏固社會中的家庭，讓下一代有健康的環境成長，而不是以此作藉口，破壞一夫一妻的婚姻制度。

故此，筆者雖然認為毋須立法禁止同性戀者私下結成伴侶，但反對設立同志伴侶法，顛覆社會的價值觀念，衝擊社會的婚姻家庭基礎。

註釋

1 羅秉祥著：《自由社會的道德底線》(香港：基道出版社，1997)頁128～129。

2 贊成二十二號「保障婚姻提案」似乎是情理的正確選擇。參網址：http://members.aol.com/pfccj/prop22.htm。

選與不選：教會與婚前性行為

葉敬德 香港浸會大學宗教及哲學系助理教授
應用倫理學研究中心副主任

做愛是自願地藉著性的行為表達對對方的感覺，而在永久的盟約關係中，性交是最能夠表達做愛的含意。但是，性交是否只可以在婚姻的關係中進行呢？

喬恩・戴維斯(Jon Davies)指出，近代西方在性方面最少有五方面的轉變：一、性交與否再也不是由客觀的規條決定，卻是由人彼此間的主觀「關係」來決定；二、該關係是以個人為核心的，所重視的是成年人的喜好，對兒童的利益和保障卻漠不關心；三、認為人不應該否定自己的需要，更不應該「壓抑」(repression)自己的性慾，人應該可以自由地享受性所帶給我們的快樂；四、因此，人不應該將性局限於婚姻的範圍內；五、開放的性已經取代了以婚姻為基礎的性。[1]

阿德里安　撒切爾(Adrian Thatcher)曾經將人對婚前性行為的看法分為五類。第一是傳統的觀點，這觀點認為任何婚外性行為都是罪惡的(sinful)。性交是屬於婚內的行為，它的目的是為了生育。由於性交是為了生育，因此這個觀點對任何由性而產生的快感，都抱著懷疑的態度。

第二種觀點亦認為性行為只可以在婚內進行，但卻承認人可以藉著性交表達對配偶的委身和謝意，並可以享受因此而帶來的快感。因此，這觀點肯定性是好的，但卻拒絕婚外性行為。

第三種觀點認為婚前性行為是錯的，但「婚禮舉行前」性交卻可以接受。這種觀點認為既然雙方已經訂了婚，在某些特殊的情況下，婚前性行為是可以接受的。例如保羅·拉姆齊(Paul Ramsey)認為，從道德的意義看，如果兩個能夠承擔責任，並且彼此委身的成年人，在婚禮舉行前發生性行為，該行為已經令他們結為夫婦。[2]

第四種觀點則強調關係的重要性，認為如果說行為能夠表達兩者間關係的素質和深度，則結婚與否並不重要。

最後一種觀點認為性是自然的。其功能不僅在於生育或表達親密的關係，也在於給人類帶來快感。所以，性交的雙方不一定需要彼此委身，只要能夠滿足身體的需要，人類可以藉著性交盡情享樂。[3]

基本上，第一種和最後一種觀點都將重點放在人的身體上。前者重視性的生育功能，後者強調性如何給人的身體帶來滿足。這兩種都可以說是「簡約主義」(reductionism)的觀點，因為性不僅是屬於身體的。人本身便是性的存有，性的表達應該是身心靈整體的表達。雖然這兩種立場將性局限於身體的範圍，亦愈來愈少人認為性交的惟一目的是為了生育，但卻有愈來愈多人接受後者的看法。

針對婚前性行為的問題，教會不斷指出，婚前性行為甚少是出於雙方的誠意，也沒有彼此貞忠的承諾，更可能僅僅是來自肉慾的誘惑。當然，或許有人認為，只要雙方你情我願，縱使僅是肉慾的滿足，其他人也不應該干涉。然而，正如瑪麗・考爾德倫(Mary Calderone)的名言：「女孩子在並沒有準備接受性時便以性愛為遊戲，因為基本上她渴求愛情；男孩子在並沒有準備接受愛情時便參與愛情的遊戲，因為他希望獲得性。」[4]於是，問題是大部分的婚前性行為是否僅是為了滿足男性的肉慾呢？而如果女孩子期望的是愛情，結果在男性肉慾的滿足後卻得不著愛情，那必定會給女方帶來很大的傷害。況且，從信仰的角度看，性愛的核心並不是為了個人的滿足，卻是為了表達對對方的關心和愛護。[5]

況且，是否任何婚前性行為都沒有絲毫強迫的成分呢？在父權為中心的社會，我們教導婦女要溫順。具體的意思是，如果所涉及的不是甚麼大不了的事情，也盡量不要逆違別人的意願。因此，當男性對女性有性的要求時，縱使該女性內心不大願意，但為了討好對方，而且好些人亦認為性也不是甚麼大不了的事情，所以也可以勉為其難而為之。但那又是否真正的你情我願呢？

教會認為，性交應該是在穩定的婚姻關係中進行，然後才能肯定對方的尊嚴及確保性行為的完滿性(finality)。穩定的婚姻是經由「婚姻的盟誓」開始的。到目前為止，仍然沒有足夠的證據證明婚前性行為能夠為當事人的婚姻帶來好處。相反，婚前性行為卻會破壞當事人的婚姻。因為婚前性伴侶愈多的人，他／她們對愛情的感受能力會愈低，亦愈難與人建立親密的關係。況且，從前性伴侶的陰影也會妨礙當事人與自己的配偶建立親密的關係。而曾經與人發生婚前性行為的人亦較容易與別人通姦。[6]所以，婚前性行為會增加當事人婚姻的不穩定因素。

此外，婚前的性關係往往沒有想及懷孕的問題，當發現女方懷孕時，大多便會選擇墮胎。但這種做法卻完全漠視了胎兒的權益。縱使當事人結了婚，但未婚懷孕往往給予雙方沉重的壓力，減低了雙方對婚姻的適應能力，從而導致婚姻的瓦解。[7]

雖然教會所提出的論點都具有一定的說服力，但由於人的早熟、晚婚、男女單獨約會的機會增多、性知識的增加及避孕措施的廣泛使用，婚前性行為的問題日趨嚴重。[8]

對於已經訂婚的人，他們會辯稱彼此的關係密切，感情已經有了相當的素質，雙方亦已作出終身廝守的承諾，更會有效地使用避孕的措施，而發生性行為根本只是遲早的問題，所以，亦毋須在眾人面前作出婚約承諾後才發生性行為。當然，如果我們接受這種看法，隨之而來的問題是「訂婚前性行為」的問題，意思是有很多人也會作出類似的宣稱，認為發生性關係僅是時日的問題，亦毋須等待訂婚後才性交。[9]而且，教會亦不會承認雙方發生了性行為便等同結了婚，因為以公開的盟誓見證神的愛是婚配的一個不可或缺的元素（an essential element）。[10]

雖然今日我們所處的是一個在性方面較為開放的社會，但在性方面濫交的人始終是相當少數。大部分人都會選擇跟自己關係密切的人性交。當然，教會亦不否定關係的重要性。然而，縱使雙方都因為深愛著對方而發生性行為，但最終兩人是否能結合卻常常是一個疑問。[11] 況且，我們可以以甚麼準則來決定甚麼的關係素質是足以讓兩個人進行性交呢？

或許有人認為，關係素質應該由當事人來決定。當然，如果當事人是成熟的成年人，了解自己的感情需要，亦能夠較客觀地評估兩個人的關係，並且也可以為自己的行為負責，則縱使教會對婚前性行為有所保留，也相對地較為容忍。但問題是如果當事人是未冠之年的青少年，那又如何呢？

當然，話也得說回來，是否兩個成年人便果真能夠充分地評估彼此間的關係素質呢？簽訂一紙婚書又是否表示已經擁有這種素質呢？當兩個人進入婚姻的盟約時，彼此的關係可能非常融洽，但這種關係能否維持呢？如果他／她們的關係在婚後出現問題，又應否繼續有性行為呢？婚書是否僅是性行為的通行證呢？

今天，兩個人會否發生婚前性行為已經是一個選擇的問題，問題是如何能夠說服年青人選擇等待至婚後才發生性行為呢？或是有甚麼「東西」能夠賦予人足夠的道德自制能力呢？良好的性教育是否便足夠呢？信仰在這方面又可以扮演甚麼角色呢？儘管教會的立場鮮明，縱使基督徒都支持這立場，但對於非基督徒又有甚麼影響呢？

斯坦利．侯活士（Stanley Hauerwas）認為基督徒的性倫理只是屬於那些蒙神呼召，明白教會存在的目的的人，教會應該成為世人的典範，讓人明白怎樣才能夠正確地對待性。[12] 當然，教會應該要成為世人的典範，但基督徒的性倫理是否僅屬於教會則頗值得爭議。而如果我們期望增強教會在社會的影響力，便應該找尋發言的途徑，讓周遭的人明白基督教的立場。教會亦應該深化婚姻神學的教導，讓人了解甚麼是豐富的婚姻，已婚的學習珍惜自己的婚姻生活，未婚的在性方面學習謹守。[13]

註釋

1 Jon Davies, 'Sex These Days, Sex Those Days: Will It Ever End?' in *Sex These Days: Essays on Theology, Sexuality and Society*, ed., Jon Davies and Gerard Loughin (Sheffield: Sheffield Academic Press, 1997), p. 18.

2 Paul Ramsey, 'On Taking Sexual Responsibility Seriously Enough,' in *Social Ethics: Issues in Ethics and Society*, ed., Gibson Winter (London: SCM, 1968), pp. 45~54.

3 Adrian Thatcher, *Liberating Sex: A Christian Sexual Theology* (London: SPCK, 1993), pp. 96~97.

4 轉引自Stanley Grenz, *Sexual Ethics: A Biblical Perspective* (Dollas: Word, 1990), p. 182。

5 James F. Moore, *Sexuality & Marriage: A Christian Foundation for Making Responsible Choice* (Minneapolis: Augsburg, 1987), p. 76.

6 Grenz, *Sexual Ethics: A Biblical Perspective*, pp. 182~185.

7 Grenz, *Sexual Ethics: A Biblical Perspective.*, p. 185.

8 Thatcher, *Liberating Sex: A Christian Sexual Theology*, pp. 97~98.

9 Thatcher, *Liberating Sex: A Christian Sexual Theology*, p. 106.

10 Philip S. Keane, *Sexual Morality: A Catholic Perspective* (New York: Paulist, 1977), p. 109.

11 Grenz, *Sexual Ethics: A Biblical Perspective*, p. 185.

12 參Stanley Hauerwas, *A Community of Character: Toward a Constructive Christian Social Ethics* (Notre Dame: University of Notre Dame, 1981), pp. 175~195。

13 Keane, *Sexual Morality: A Catholic Perspective*, p. 108.

教會對性革命的回應

教牧輔導與性：婚前性行為

莫江庭 香港浸信會神學院助理教授

從聖經看「婚前性行為」

雖然「婚前性行為」這個近代形容一對男女在未婚前發生性關係的專用名詞從沒有在聖經的書卷中出現過，但是聖經也記載了兩段有關婚前性行為的經文（出二十二16～17；林前七 36），使我們可以理解舊約時代和新約時代，上帝的子民和基督的教會如何看婚前性行為。明顯地，聖經對婚前性行為的責備不及婚外情般的嚴厲。這兩處的經文在處理婚前性行為問題時，都以促請兩人結婚為完滿解決問題的方法。其實，筆者認為這樣處理的目的是要保障那發生性關係的女人，因為當時女性的地位低微和沒有選擇的權利，甚至發生婚前性行為可能是她不情願的，聖經説她是被「引誘」的。為了給她名分和補償她的損失而要求他們結婚，這也可説是對男方的一種懲罰，要他負上應有的責任。因此，我們不可以説聖經是接受和容許信徒在未結婚前發生性行為。反之，我們應該以一種宏觀的角度來看「性」。正如哥林多前書六章18節所説：「你們要逃避淫行。人所犯的，無論甚麼罪，都在身子以外；惟有行淫的，是得罪自己的身子。」

現代人看「婚前性行為」

現代信徒對「性開放」的觀念也不自覺地受著後現代主義思潮（postmodernism）的影響。有些基督徒開始質疑教會的傳統做法和挑戰牧者的權威，他們認為自己的判斷和決定才是權威。他們對事物的看法是採取處境性的觀點，凡事沒有絕對，包括性觀念。[1]在現代社會裏，婚前性行為是一種愈來愈普遍和被接納的性關係，尤其是在那些曾接受高等教育的專業人士中。[2]只要一對成年的情侶兩情相悅，在自願的情況下發生性關係是可以接納的。而社會所傳遞的信息，只強調安全的性行為（safe sex），意思是只要做足預防傳染性病及避孕的安全措施，便可無顧慮地發生性關係。這一種開放的性觀念對於一直持守貞潔觀念的教會羣體來說，是一個非常猛烈的衝擊。而事實上，愈來愈多基督徒認為一對情侶在結婚前發生性關係是可以接受的。雖然沒有正式的統計數字，但按我所認識的教會中，差不多每一間都曾出現一宗或以上的婚前性行為個案。

婚前性行為對信徒的影響

婚前性行為的負面影響極大，尤其是我們這些有基督信仰的人，會更加感到罪咎。根據拜瑞・寇曼（Barry Colman）

編著的《單身貴族的性與愛》(1990)的資料，婚前性行為會摧毀人的自尊，特別是女孩子的自尊。對男人來說，會產生悔恨。其研究指出，有81%受訪者說：「如果我再活一次，在『性』方面，我希望不要發生婚前性行為。」[3]綜合拜瑞·寇曼等人的研究所得，婚前性行為會帶給未婚者在生理、情感及信仰上負面的影響，如感染性病、懷孕、矛盾、後悔、罪惡感等。[4]

輔助信徒抗衡婚前性行為的衝擊

我們不可否認「婚前性行為」的文化在現今的社會已經很普遍。這種風氣對基督徒的性愛觀和信仰帶來前所未有的衝擊。我認為與其消極地逃避它的入侵，禍害基督聖潔的羣體，倒不如積極地教導信徒正確的性愛觀，抗衡婚前性行為對我們的衝擊。根據筆者在〈性開放文化為牧養帶來甚麼問題？〉一文中的建議，抗衡的方法如下：[5]

a. **從新認識聖經對性的觀念，並以聖經的標準為權威**。若要確定一件事的對與錯，包括婚前性行為的觀念，我們必須要有一個量度的標準。基督徒行事為人的量度準則，就是神的話——聖經。我所強調的不是一套盲目的教條，也不是歇斯底里地吶喊「聖經是權威」。我所強調的是以理性的角度來了解聖經對性觀念的教訓，從原文、歷史、宗教、社會文化等角度來研究，務求得著較客觀的信念。

b. **營造更多討論性課題的機會，並教導基督徒正確的性知識**。若我們相信性是神賜給人的禮物，是聖潔的，那麼世界上再沒有一處地方比神的家——教會——更適合討論和教授性知識了。今天，許多基督徒在性方面軟弱了，尤其是在婚前性行為的事上軟弱了，很可能是因他們藏著的很多性困擾問題得不著解答。我相信當基督徒可以開放地把性的困擾説出來，我們能夠面對現今性開放文化的力量會愈大。

c. **接納那些在性方面犯了罪的肢體，並盡一切辦法把他挽回過來**。過往由於婚前性行為對教會的衝擊不是這麼明顯，教會多以懲治或開除會籍等消極的方法處理犯了性罪行的人。可是犯罪者受罰後也需要教會的寬恕和接納，但是教會的寬恕行動不足，因此很多基督徒在性方面跌倒後，便自動離開教會，甚至放棄信仰。若教會能夠有接納他們的空間，對悔改認罪的肢體伸出挽回的手，我相信性開放文化對基督徒羣體的破壞是會減退的。

d. **增強性困擾者的自我認知能力，並協助他們遠離試探**。我發覺許多求助者(包括婚前性行為困擾者)都缺乏自我認知的能力，就以性困擾者為例，他們對自我的認識及警覺性不高，經常把遇到的性試探屬靈化，認為單單祈禱讀經便能解決一切，卻沒有正視自己的問題。我相信輔導可以幫助這樣的信徒。傳統的教會不大注重輔導服務，認為一個與神關係良好的人是不會有心理和情緒問題的。其實，世界上所有美好的事物和協助人成長的學問都是屬於神的。雖然，輔導不是一個全能的治療方法，但卻是一個有效的心理治療方法。

註釋

1 參莫江庭：〈性開放文化為牧養帶來甚麼問題？〉，《燭光網絡》（香港：明光社，2001年5月），頁15。

2 參C. Yeung and W. M. Kwong, *Attitudes Toward Marriage in a Time of Change: A Survey Study of the Attitudes of Pre-marital Couples Toward Marriage in Hong Kong* (Hong Kong: City University of Hong Kong, 1997)。

3 參拜瑞・寇曼著，何明珠譯：《單身貴族的性與愛》（台北：大光，1990）。

4 拜瑞・寇曼著：《單身貴族的性與愛》，頁27～36。

5 參莫江庭：〈性開放文化為牧養帶來甚麼問題？〉，《燭光網絡》，頁17。

教會社關神學的反思

郭鴻標 建道神學院助理教授

神學的定位

在討論香港教會如何回應性革命的課題之先，我們必須首先處理兩個更加基本的問題：教會應否回應性革命社會趨勢？教會能否回應性革命趨勢的問題？

1. 教會應否回應性革命社會趨勢?

反對教會回應社會性革命趨勢的聲音，不一定來自教會以外的非信徒，反對教會將基督徒的價值觀強加於世俗社會上。信徒中間亦有人從教會的主要任務、優先責任的角度，提出教會理應集中精神於傳揚福音、牧養信眾的事務上，不應超越教會被召的位分，事事關心。

此外，從教會論的角度來看，教會乃被神揀選、被呼召出來的信仰羣體，是一個與世俗社羣不同的另類羣體，持守著一種獨特的倫理價值觀，在基督信仰內彼此相愛。既然教會基於共同的信仰而產生一種對性的價值取向，必然與沒有信仰的世俗社會毫無相接點。教會實在不應該將自己的一套價值觀強加諸沒有信仰基礎的社會。這種要求既不公平，又不合理，獨特的倫理價值觀根本不能普遍化，要求所有人接受。因此，教會不應回應性革命的趨勢，反而應該強化對信徒的生活教導，使信眾有清晰的基督徒價值觀，這才是教會的首要任務。

還有，從末世論的角度來看，教會仰望耶穌基督的再來，永恆的天國才是信徒所期盼的福地，世上的生活只是寄居的、短暫的。因此，教會不應該花精力去修補這個必然衰敗的世界。世界愈衰敗，就表示主耶穌再來的日子愈來愈接近。教會應該更加集中精力傳揚福音，拯救人的靈魂。

2. 教會能否回應性革命趨勢的問題？

反對教會回應性革命趨勢的弟兄姊妹，認為教會根本沒有解決社會問題的方案，更加沒有扭轉乾坤的能力。既然教會在面對社會問題上無能為力，就應該有「知所先後」的智慧，不應做一些能力範圍以外的事，應集中資源做一些能力範圍以內的事，那就是宣揚福音、牧養信眾。

此外，反對教會回應社會性革命趨勢的理由包括聖經只有提供人倫關係的原則，而沒有直接提供解決社會整體問題的答案。在個人與社會的二元分割思維方式底下，他們推論教會不應自以為擁有解決社會問題的現成答案。既然教會沒有甚麼屹立不倒、永恆有效的回應社會性革命趨勢的答案，就不應以為自己可以充當時代發言人，事事回應。同時，聖經所批評的社會流弊，基本上指向個人的生命素質墮落，解決問題最終的方法亦是個人的改變。因此，教會不能以任何道德價值的言論説服人改變，惟有福音才能改變人的內在生命。既然教會不能無止境地被社會課題牽著鼻子走，被層出不窮、變幻莫測的社會需要佔據我們的關懷，我們應該另訂議程，尋找一些更持久，更有留存價值的課題作回應。

3. 二元式思維的反思

反對教會回應社會性革命趨勢的兩個重要理據是：一、教會從聖經上得到關乎人倫關係的原則，沒有關於社會整體的教導。二、教會的倫理價值取向是獨特的，根本不能普遍化，要求世人接受。面對第一種理據，我們需要反問聖經的內容是否只有涉及神人關係與人倫關係，而沒有提及人在社會中生活的守則呢？在舊約聖經裏面其實有不少關乎以色列羣體如何實踐神立約要求的教導，出埃及記二十一至二十二章亦有不少關於處理社羣生活的教導。此外，出埃及記二十三章亦有有關羣體宗教生活的守則。至於先知書，亦有不少地方提及屬神的子民應該如何生活的教導。當然，聖經裏面所關注的羣體是信仰羣體，彼此有共同信仰，共同價值取向。不過關鍵的問題是，若聖經沒有向信仰羣體提供如何在一個非信徒世界中生活的指引，究竟我們應該如何思考教會關懷社會的課題呢？筆者認為我們需要參考教會歷史的發展，從教會信徒在非信徒的公共社會中如何生活的例子吸取教訓，作為我們今日面對社會課題的指引。

另一方面，我們亦需要注意整全福音的觀念。耶穌基督的福音不單拯救人的靈魂，同時拯救人的肉體。整全福音的思想不單沒有毫無保留地接受二元分割的思維，同時更著重教會要在世界的處境中傳揚福音，見證福音。教會不能離羣獨處，教會需要有「在世而不屬世」的特質，既保持與別不同的價值取向，同時亦要成為世人的光，指引世人歸向上帝。

關於第二點的理據，我們需要反思教會雖然是社會中的少數羣體，我們的價值取向是世上眾多取向的其中一種，可是我們不應該將基督教信仰相對化，放棄基督教倫理的普遍要求。我們所認信的信仰是絕對的真理，自然有普遍的要求。可惜近年後現代主義將真理的絕對性縮減成為連貫性（coherency），著重每個宣稱真理的羣體都有其真理聲稱（Truth claim）。結果，後現代主義者接納真理的獨特性，卻不同意真理的普遍性。所謂真理絕對性只能在那個信仰羣體中有效。如此，基督教倫理的普遍、絕對要求便盪然無存。

教會如何回應性革命

在具體回應性革命的行動上，明光社已經不遺餘力。她們的經驗正好成為我們上佳的教材。作為神學工作者，我覺得教會不能忽視性革命浪潮背後的意識形態，特別是將宗教倫理貶為社會倫理的其中一種，崇尚自由主義，尊重個人選擇權利，反對將道德框框強加諸別人身上。

此外，對錯與善惡分割的做法亦扭曲了建立個人德行的精神。

性革命支持者從社會學的角度將宗教道德解釋為社會道德的一種，認為宗教道德根本沒有普遍必然性，只有客觀的社會性，只不過在神權政治底下，宗教道德被推舉為普遍必然的規範，被解說為絕對性的道德，反映真理與良知。自由主義者從根本否定有任何普遍性或者普世性的道德規律，他們反對社會宗教化，接受人在社會中只須履行最低程度的個人義務——不越過最基本的公共規範。自由主義者更將對錯問題與善惡脱鈎，因此一個性濫交、放蕩的人，在品格上亦不會承擔「惡」的負面價值判斷，自由主義者只不過會在行為上看看他在處理性行為方面有沒有程序上的錯誤。正如在電視上播映關於愛滋病的宣傳短片，亦不會提醒人性濫交是惡的，只會按最低標準提醒人在召妓的時候，要注意安全，為了避免染上性病或愛滋病，最好用避孕套。

教會在回應此類的性革命思想的時候，需要首先確立宗教道德的超然地位，因為這是基督徒的認信。教會站在聖經基礎上，按真理發言，不需要畏首畏尾。教會不必因擔心被人冠以「道德佬」的稱號而淡化聖經的權威，轉而以人的理性、社會的效益作回應。從討論的角度來説，説之以利是有效的方法，不過更重要的是教會站在聖經基礎上，對世俗社會作出挑戰。教會在性革命浪潮中，將會成為「另類羣體」，見證與世俗不同的價值。

從牧養角度看教會回應「香港性革命」的策略

蔡志強 香港浸信會神學院助理教授

二〇〇二年四月十四日，兩間機構發表了有關性與婚姻的調查報告，情況值得教會關注。首先，香港家庭計劃指導會於二〇〇一年十月訪問了6,000名就讀中一至年齡二十七歲的青少年，結果發現：

a. 婚前性行為愈趨年輕化：在十八至二十七歲的青少年中，曾有婚前性行為的男性由一九九六年的31%增至近40%，女性方面仍維持於31%，當中一成四曾因而懷孕。在其中四成三曾墮胎的個案中，三成九是冒險接受非法墮胎的。

b. 中三至中七學生中，擁有性經驗者，男有8.7%，女有5.2%。男生為滿足性慾而首次性交，佔44%；女生則主要因為男方要求，佔近60%。

c. 現時性教育不足：多了年青人覺得自己獲得的性教育足夠，但實際上性知識有倒退現象。

d. 有40%至60%的受訪者會玩ICQ（聊天室），其中約10%會與網友談性的問題，更有10%至20%的受訪者會與網友約會。

e. 三成多中一至中二生有約會經驗，中三至中七的則佔57%。

f. 20%的男性及15%的女性計劃先同居後結婚。

明愛婚姻支援中心於二〇〇〇年七月至二〇〇二年四月期間訪問了60間中學，共1,645名十五至二十歲的中學生，了解他們對戀愛、婚姻及婚外情的價值觀，結果顯示：

a. **婚外情中第三者的年齡有下降趨勢**：六成六中學生同意或一半同意「愛是一種感覺，不應理會社會規則和道德標準」；三成五中學生同意或一半同意「愛是來得快，去得快」。訪問中36%的受訪者表示「接受或一半接受自己作為感情的第三者」。六成五青少年同意可以同時愛上兩人，很多青少年可接受多角戀的存在。

b. **對婚姻有期望，卻缺乏信心**：85%的受訪者「希望有一段一生一世的婚姻」。約80%不接受將來的配偶有婚外情，70%不接受自己出現同樣情況。反映青少年對配偶保持忠誠的要求較高。然而，只有69%的中學生認為婚外情是可以避免的。青少年一方面對婚姻有憧憬，但對實際維持一段忠誠婚姻的信心，則相對較弱。

這兩個調查研究顯示，香港青少年對感情、戀愛及婚姻等觀念仍有很多不足，甚至有危及其身心靈發展之處。雖然在香港教會內未有近類型的相關調查，未能確知信主青少年或教會正在服事當中的青少年，在這社會風氣和價值觀之下已經受了多大影響。然而，在教會出現婚前性行為個案，甚至因而懷孕或被逼早日成婚的事例，間有所聞；因「第三者」的出現，導致家庭不和、破裂甚至離婚的個案，在教會中的家庭和會眾中亦有出現；男女約會愈趨年輕化的現象，亦在不少教會中是輕看不得的課題。上述情況正反映現代西方及香港社會的「性革命」，已經無可避免地、直接或間接影響著教會及其會眾。

其實，性革命的影響並不單限於上述的領域，還有對性慾的處理、色情、同性戀、離婚、性別平等等與性有關的課題，皆構成對時代和教會的衝擊。為要回應這「性革命」潮流，香港教會理應扮演「先知」的角色，從社會關懷的層面去抗衡這社會文化，甚至嘗試參與建立合乎真理而健康的「性文化」。與此同時，在教會牧養層面亦應構思建立全面的策略和事工，以圖在教會內鞏固合乎基督教的觀念，並能彼此守望和鼓勵，活出神對與「性」有關的旨意和恩典，現謹建議如下：

一、態度的更新

有云在社會中推行性教育的其中一項攔阻，乃來自父母及師長的過分保守、不願和不與子女及青少年一起討論。在教會中，牧者及領袖對性課題開放討論的態度，將直接影響教會內回應此等問題的牧養工作的成效。若牧者和領袖仍視此等課題為禁忌，不得在教會中討論的話，受性影響的人士便無從得到此信仰羣體的幫助，被逼轉至其他途徑來獲得有關知識和解決困難之法。教會便失去牧養他們的機會。故此教會牧者和領袖自當更新自己的態度，營造歡迎適當地公開或私下分享討論性課題的氣氛和教會文化。

除了建立自己歡迎討論的心態外，亦可檢視及修正自己對性的觀念和態度：是否真的相信在神的創造裏，性是「好」的呢？相信在婚姻中，性是一份「禮物」和恩典，應以愛惜及享受？「神惡罪，卻深愛罪人」這信念是否適用於與性有關的犯罪者身上？若是，我們對此等犯罪者，當有怎樣的態度呢？對受性罪所傷害的人，我們又當持怎樣的態度，才能全面地實踐「與受苦的肢體一同受苦」，「與哀哭的人要同哭」的肢體生活呢？

對性課題有開放討論的心態，有更全面而合乎信仰的態度，還要有尊重私隱和嚴守保密原則的心態。我們可以公開討論與性有關的課題，並不等於可以不適當地揭露個別人士在性方面的了解、性生活，甚至與性有關的罪。這種對保密原則的尊重，乃是營造討論性課題的教會文化的一個重要基礎和支柱。

二、全面的教導

社會上多有論及學校和整體社會的性教育不足。對於基督教會而言，外間的性教育不單是量的不足，亦不夠全面，而且內容上亦有與基督信仰不符之處。故此教會不能將提供性教育之責任留給外間的學校、社會組織，甚至傳媒雜誌等，反而要積極提供正確的基督徒觀點的性教育，並視之為門徒生活訓練不可或缺的範圍。

全面化的性教育，包括基督教的性觀、對現代性革命的剖析、性倫理(包括一夜情、婚前性行為、婚外情、離婚、同性戀等課題)、合宜的兩性關係、戀愛與婚姻的正確觀念、各種性犯罪對當事人的傷害等。此等探討不應停留在頭腦觀念的認識和思辨，還應該包括態度上的培育和正確行為上的實踐。這各方面的教育可透過不同途徑進行，包括講壇信息、主日學、團契和小組聚會及活動、特別專題聚會、營會專題等。教會內的家庭生活教育亦可合宜地安排機會，探討夫妻間幸福的性生活的建立，與及如何在基督化家庭內推行子女性教育等課題。

現時專為教會使用而編寫的性教育材料在市面上絕無僅有！近日聽聞明光社著力動員發展製作，期待得以早日面世，亦期待有更多基督教教育及出版機構在這方面作出貢獻。

三、心靈的關顧

關於與性有關的課題，會眾需要得到全面而深入的認識。與此同時，可能有個別會友已經因為自己或他人，對性產生誤解而受到壞影響，甚而身心靈受到傷害。故此教會實宜在醫治、支援和導引等牧養關顧層面，作出更全面的準備和部署。這包括集體公眾的關顧和個別私下的關顧兩大方面。

在集體公眾的關顧方面，包括透過崇拜聚會等集合所有人的場合牧養，與及各種以人的性別和婚姻家庭處境作分類的事工。崇拜的最終目的固然是神的子民向神獻上頌讚崇敬之心，但會眾亦會因神的臨在所呈現的尊榮和美善而得到心靈上的牧養。有時一堂普通的崇拜，亦可叫那些正經歷著與性有關的困擾和傷痛的人們得到慰藉。除此之外，有時需要刻意針對某些性課題，特別安排一些崇拜及其中程序，加插相關的禮儀（如認罪、原諒、接納、立志或其他行動）和相關講道，叫性犯罪者得到提醒、悔改回轉的動力和赦免之恩，又叫與性有關的受傷者得以體會神的同在、醫治與安慰。

我們得承認，不是所有性課題皆宜於教會公眾場合教導，若勉強為之亦可能對某些有關人士帶來壞處多於好處。故此部分的公眾牧養關顧極需要小心考慮、安排處理。

集體關懷的第二方面是「以人的性別和婚姻家庭處境作分類的事工」，指的是：伉儷事工、單身事工、離異單親家庭事工、男性事工、女性事工等。此等事工或成立獨立團契小組以作推行，或滲透在教會現有之團契小組中作推行，其中目的包括叫處身在因性別、婚姻家庭的不同處境而遇到難處的人，皆得相應的關顧，得到小組羣體的醫治與支援。

其中伉儷事工可包括探討健康的夫婦性生活，單身事工協助單身者如何面對性需要的誘惑，離異單親家庭事工提供接納和身心靈支援，男性事工和女性事工分別建立男女性和各自健康的角色及生活方式，並建立彼此間互敬和諧之意識和關係。

至於個別私下的關顧，包括了個別關懷輔導、屬靈導引和轉介輔導。堂會牧者和參與關顧事奉的肢體作出個別的關顧、屬靈導引和心靈輔導，包括認真處理婚前輔導和婚禮，其貢獻自不待言。基於「堂會牧者」的職份不等同於「輔導員」，故此毋須寄望堂會牧者都曾接受與性課題有關的進深專業輔導訓練，反應搜集同宗派及基督教內與性有關的輔導資源，在需要時作出轉介，互相配搭。

四、政策的制定

教會除了推行全面的性教育，及對受影響之會眾作出關顧輔導外，亦需要在教會辦事政策上，制定相應的措施。其中可考慮的包括：對有婚前性行為或婚外情之會眾（包括教會牧者和領袖），教會當以怎樣的態度和紀律方式處理？若有同性戀傾向甚或行為之會眾，教會當如何處理？若教堂得外借舉行婚禮，會否借堂予有婚前性行為者、未婚懷孕者、曾離婚者、與同性結婚者？牧師會否為他們證婚？對於牧者在堂會事奉中有關性方面的試探，牧者自身和教會可有怎樣的心靈準備和實際措施加以預防和處理？教會對女性事奉、女性作領導、按立女傳道為牧師等的立場和實踐，如何體現對聖經中男女關係描述的理解？

這裏列出的只是部分教會和宗派組織可能要考慮與性有關之政策。其中很多問題並不容易得到共識，就算作出結論，亦未必能減少在執行政策時所產生的張力。惟願上主顯明其恩典和心意，賜予智慧和愛心，給教會亮光去合宜地議論處理。

五、結語

社會上的「性革命」浪潮來勢洶洶。教會牧者和領袖為提高這方面的警醒意識，嘗試在教會內推行性教育，對受影響者作出關懷輔導、醫治和支援，並在教會政策上構思相應措施。這樣做，教會一方面負起牧養的角色，叫會眾先得益處，同時向社會作出見證，以配合教會對社會上性革命潮流作出發聲批判的社關職份。

如何藉禱告從性的捆綁中得釋放

劉達芳 禧福協會會長

捆綁是指一些不能得到解脫的壞習慣，人雖然想戒除之，但總是重複再犯。這樣，這信徒一方面叫神傷心，另一方面亦叫自己的信心及良心受損，沒有追求聖潔的動力。

許多人處理性的捆綁，是以行為本身為焦點，其實這只是「斬草不除根，春風吹又生」。要對付性的捆綁，我們必須先明白性捆綁的根源。

明白問題的結

要從性的捆綁得釋放，就要明白自己問題的根。筆者從幫助人的經驗取得一些心得。性的捆綁來自幾方面：

a. **自己犯罪的惡果：**

婚前性行為、濫交，這如開了一度門，以致信徒無法控制自己。

b. **被別人的罪所害：**

曾被人非禮、強暴，以致不期然要看異性的下體。

c. **心理需要：**

有人藉著性提高自我形象，認為自己有價值、具吸引力（追求尊榮）。

有人以為性是愛的最高表現，能除去深層的孤單（追求愛）。

有人以性行為表達其能力、青春與健康（追求生命力）。

有人以為在性關係中能征服愛侶，就代表自己有權力，而愛侶愈多，權力就愈大（追求全能）。

有人藉性除掉焦慮及懼怕（追求安全感）。

有人將自己的遺傳因子散播，期望以另一種方式達到長生不朽（追求永恆）。

有人以為性可帶人達到極樂的境界（追求滿足）。

這些心理需要，只有神能滿足，惟有祂是全能、尊榮、永恆、全樂、全豐、全愛。

d. **靈界的侵擾：**

如閱讀色情刊物、看小電影或犯其他罪的時候，邪靈入侵，亦有人在學氣功時、打坐時，引進邪靈。

性像一面照妖鏡，把人內在的需要及問題照出來。不同性格的人的性生活都帶有其特質，如一個自私的人在性行為中只會利用對方，自己享受，不理別人的感受等等。因此，我們一方面可從行為的特徵了解性捆綁的根源，另一方面亦可以藉著了解當事人的歷史背景及捆綁出現時其際遇去了解根源之所在。

從性的捆綁得釋放的禱告

要從捆綁得釋放，要按著以下步驟禱告：

1. 求主光照的禱告

求主耶穌將蒙蔽你的東西挪去，叫你清楚記得你在每方面有哪些地方得罪祂。

按著主光照你的地方，逐一、詳細、徹底地為每一項過犯認罪。悔罪的心愈懇切，罪得赦免的平安愈大，得勝的機會愈高。該處理的範圍包括：

a. **扭曲的看法**：對人（異性及同性）的看法、與人交往時沒有按著神的旨意對待別人（如利用他人得滿足等）。

b. **將性作為終極的追求**：以之為達到永恆的途徑，以為性可以帶人到極樂的境界，以為性可以表達能力、吸引力、青春與健康，以性為權力的象徵，藉性去提高自我形象，希望藉著性除去深層的孤單感。

c. **思想上犯罪**：性幻想、眼目上的情慾，聽信撒但的蒙騙，以為這些都無傷大雅。

d. **行為上犯罪**：手淫、曾與某人有性關係、曾侵犯別人、召妓、性暴力。

e. **因這些關係帶來的後果**：如墮胎、情緒低落、自卑、飲食失調、濫用藥物、各種在思想及行為上的捆綁。

2. 認罪禱文

親愛的主耶穌：

我沒有按著祢創造時的旨意去看待我的身體、看待異性，我現在要承認我＿＿＿＿＿（承認對異性、同性及性的扭曲看法的罪）。主啊！我以自私及自我中心的方式去與人交往，我曾＿＿＿＿＿＿＿（承認與人交往時沒有按照神的旨意 ，如利用他人得滿足的罪）。我得罪祢的地方，求祢赦免。

主耶穌，我的思想得罪了祢，我曾＿＿＿＿＿＿＿（承認「性幻想、眼目上的情慾」的罪），叫我被玷污，叫住在我裏面的聖靈擔憂，我得罪祢的地方，求祢赦免。

主耶穌，我做過一些祢禁止的事，我漠視祢的誡命，我以祢的旨意為等閒。我曾＿＿＿＿＿＿＿（承認手淫、曾非禮別人、強姦、召妓、性暴力的罪），這些都是祢所憎惡的，我這樣做叫自己與祢作對，亦對他人有嚴重的傷害，叫他＿＿＿＿＿＿＿ 。我得罪祢的地方，求祢赦免。

主耶穌！我沒有甘於祢的安排，竟然貪行種種的污穢 。曾與＿＿＿＿＿＿＿（對方姓名）有關係，做過＿＿＿＿＿＿＿的錯誤性行為，以致＿＿＿＿＿＿＿（如墮胎、情緒低落、自卑、飲食失調、濫用藥物、各種在思想及行為上的捆綁）。我得罪祢的地方，求祢赦免。

主啊！我常為肉體安排，去放縱私慾，我這樣做使自己的身子—— 聖靈的殿—— 被玷污了，求祢赦免我 ，使祢用重價買回來的生命能得自由，不會反落在罪的轄制中。我沒有讓我的身子榮耀祢，反叫敵人大得褻瀆的機會，我得罪祢的地方，求祢赦免。

現在我向祢承認我這幾方面的罪，為這些罪後悔，我不要再犯這些罪。求祢在十字架上所流的寶血洗淨我的罪，使我能脱離罪的轄制。奉主耶穌的名，阿們。

3. 宣告要順從主、棄絕不正常的關係的禱文

主耶穌：

我宣告，我是祢的兒女，我不再孤單，我不需要從扭曲的性及色情中得滿足。多謝祢無條件地愛我，叫我明白我屬於祢，我與祢連結。我要重建與祢的關係，以致可以止息對愛無休止的渴求。

我拒絕撒但的謊言，説我的身體是骯髒的、性是骯髒的。我也拒絕撒但的謊言説我因以往的思想行為不得潔淨。

我現在宣告，我要與黃色刊物、電視、電影、網頁背後的錯誤意識及勢力斷絕關係。

我亦要斬斷以前所有不正常的關係，我曾與__________（對方姓名）有關係，現在我要與他一刀兩斷，不再戀慕他，因這些行為是可憎的。我宣告我從與__________（對方姓名）的關係中得釋放。我吩咐所有黑暗力量離開我。奉主耶穌的名，阿們。

4. 將身體獻給神的禱文

主耶穌：

我感謝祢，祢使我完全潔淨，將一件公義袍、比

雪更白的袍，加在我身上。多謝祢無條件地接納我，因此我可以接納自己。我的身體是聖潔的，分別出來歸耶穌。我的身體不是骯髒的。我現在將我的身體，特別是我身體的性功能奉獻給祢，讓祢來管理及使用。我把自己獻上作活祭，求主在我身上點燃聖潔的火，叫祢得榮耀。求祢幫助我將性行為保守在婚姻中，一個滿有愛、委身、負責任及健康的關係中。奉主耶穌的名，阿們。

以上的禱文，讀者可以自己在家裏做。若要果效大些，要對自己所尊重的屬靈長者認罪，又或找一些清心禱告的同伴，印證這悔罪的禱告。因為性的罪是在暗地裏進行的，因此若我們決心與之爭戰，就要將之顯明，向以上的人公開，而這罪的捆綁能力就會沒有了。

若認罪禱告時有邪靈顯現，那就要找傳道人幫助你驅走邪靈了。

色情文化下的教會青少年事工

吳浩然 中學教師
香港性文化學會(性教育組組長)

在一些資訊落後的社會中，知識的缺乏一般被認為是當地青少年問題的主要成因，所以普及教育是解決青少年問題的重點項目。由於缺乏知識，性教育的重點通常只集中在性知識和性交技巧的傳遞，而傳遞這些正確性知識的重任也只能融和在普及教育當中。但今天社會所面對的是一個被稱為「資訊失控」的年代，[1] 電視、互聯網能將地球另一半的信息在數秒間以影像方式傳送到年青人眼前，導致富裕社會青少年問題的主要成因不再是以往知識的缺乏，卻換成是今天資訊的氾濫。其中帶有色情成分的資訊，藉著青少年對性的好奇、反叛和渴望成為成人的強烈慾望，蹂躪著今天每一個年青人。在香港，相信每一個年青人(包括教會內的年青人)都在帶著不良性觀念的資訊中掙扎。所以，二十一世紀性教育的主體，不應再停留在性生理、心理知識傳遞的層面，而是要**藉著正確價值觀的建立，讓年青人學習正確性資訊的選擇！**

教會牧者的困局

相信很多牧者、教會青少年導師對不能禁止年青信徒接觸色情物品感到沮喪。就以雜誌為例，今天若有人以為只有成人雜誌才是色情刊物，這就是一個危險的誤解，因為色情的毒害，絕不止於俱俱的膠袋封套！色情物品的定義，是一些主要為挑動性慾及引致性興奮而設計的素材，即是說大部分香港暢銷的消閒雜誌也被列為色情刊物。**今天一輯普通的纖體廣告，亦可能已令不少教會中的青少年陷入情慾的掙扎中**。

除了傳媒的不檢點，一個更現實的問題就是教會的單打獨鬥！教會內的青少年除了每星期兩三個小時的團契、主日學生活外，絕大部分時間暴露於報章雜誌、電子媒體和朋輩間的色情資訊中。本來學校和家庭在抗衡社會不良文化上應起著一定作用，可惜今天學校所提倡的性教育是逃避價值取向、讓學生自由發展其性觀念的性教育。在缺乏方向的教導模式下，青少年未能培養選擇正確性資訊的能力。另一方面，由於很多父母的性價值觀也是從社會上的色情文化建構而成，[2] 他們本身對性觀念的扭曲、對社會文化的無知和不適切的管教方法，反成了抗衡色情文化的破口。教會青少年工作者單憑週末那三數小時的教導，絕不足以說服青少年選擇正確的性資訊！

還有今天社會鼓吹的多元文化，也令很多青少年牧者十分頭痛！二十世紀的心理學界巨人勞倫斯・柯爾伯格（Lawrence Kohlberg）在他的道德發展理論中提出，人類的道德觀是隨著年齡的增長與經驗的累積而發展的。青少年處於「習俗道德期」，他們不再像孩童時期以自身欲望來判斷行為的好壞，而是以別人的認可作為判斷行為的基礎，藉此建立自己的道德觀。[3] 然而今天的青少年生活在一個多元文化社會之中，[4] 不同的道德標準在不同的媒介中被認可，令他們對道德的看法每日都不同。有些青少年無法在這階段作出妥善的調適，反而在社會無法接受的道德觀念上建立起自己的道德標準。

青少年的縱慾行為一個星期五天被社會上的不良性觀念強化，只著重技巧的學校性教育某程度上對縱慾行為作出「技術性支援」，家長又愛理不理。憑著僅餘兩三個小時的團契、主日學時間，一些青少年導師可能會積極在教會倡導禁慾主義，以聖經的道德價值觀教導性、愛、婚姻的不可分割性和性濫交的禍害。但礙於時間的限制，青少年往往只能領受到一些宗教規條，在缺乏了解與關懷的教條式管教下，他們只好將面對色情的掙扎壓抑下來，**他們漸漸發現理想的性觀念與實際的性需要相距愈來愈遠，最終令他們徘徊於分裂人格當中**。一些信仰不穩固的年青會友，在社會鼓吹的享樂主意薰陶下，索性一走了之。由於這種積極態度在教會中徒勞無功，一些牧者便選擇在教會內對性的課題避而不談，有些甚至明知會友發生婚前性關係，也只能表示無可奈何。

縱然吃力不討好，但正如社會福利署在其性教育教材套中説明，個人性觀念的建立，受著其家庭教育、宗教背景和社會文化等影響，[5]當家庭、學校和社會都不能為這一代年青人提供一個討主喜悅的性態度時，牧者、導師惟有以「為主搶靈魂」的心態，為掙扎於縱慾文化的年青人提供出路。但從哪裏開始呢？作為教會中的青少年工作者，我認為應從兩方面著手：一方面要解構今天青少年的性價值觀和他們本身的心性發展，另一方面是要重建教會的立場和教導年青人如何從基督的救恩被堅立！

青少年的性價值觀

香港中文大學於一九九七年曾向4,087名分別來自不同中學組別、不同區域和不同宗教背景的中學生，調查他們對性的認知、態度及行為。[6]從他們的性愛觀、戀愛觀和婚姻觀，教會青少年工作者可進一步了解今天青少年的性觀念。

1. 青少年的性愛觀

其中性知識的來源和性行為的模式都能顯示青少年的性愛觀。調查發現，青少年對性生理的認識並不如外間流傳般不足，在問及有關性生理的問題，受訪者的平均得分為68.4（以100分為滿分），對性病的認識的得分更高達72.9。但如果要他們做得更好，除非傳媒停止對性的歪曲、誤導。因為大半受訪者表示他們的性知識主要是來自報章、雜誌和漫畫中的色情文章。接近一半受訪者表示他們曾經觀看色情電影，而曾經接撥色情電話和經常閱讀成人刊物的人數也不少。在學生列舉的十個主要性知識來源中，八個是傳媒，其餘是學校的生物課和性教育課。這一再證明青少年實在長期受著傳媒所傳遞的性資訊影響。

受訪者亦表示，他們的性行為主要是自慰。但他們當中很少對自慰有正確的認識，多數會因無法戒除自慰，再加上自慰之後怕會有人知道而產生罪惡感。大部分受訪者表示他們在十三至十四歲便開始有自慰的習慣，但也有頗多受訪者表示他們在十歲或更早已經開始。教會青少年工作者應加以注意的是，面對性衝動時，40.6%的受訪者選擇壓抑，49.1%會有內疚和失眠，還有40%說不知如何應付。**性衝動的處理可能是教會中青少年最需要學習的性課題之一**！這可說是跟年青人沒有建立一套完整的性價值觀有關。

2. 青少年的戀愛觀

其中受訪者需要回答他們在拍拖時的行為和他們對性與愛關係的理解。調查發現，超過四分三的受訪者表示心靈的交流與感受的分享是愛情關係中必需的。這是給教會青少年工作者的一個鼓勵，其實教導著重心靈交流和感受分享的戀愛觀一直都是教會青少年事工的責任，只是色情文化已將本來討神喜悅的戀愛觀厚厚的裹在情慾的試探中，令不少教會青少年工作者寧願不鼓勵年青信徒談戀愛。乍看起來似乎有點不近人情，但其實沒有甚麼大不了，因為調查顯示只有三成受訪者表示有拍拖經驗，中學生談戀愛的情況並不普遍。只是值得教會青少年工作者留意的是，一般青少年的戀愛關係都在十四歲左右開始，有部分受訪者更表示在十歲或更年輕時已經開始拍拖。

當問及在第一天約會中的行為時，在4,087名受訪者中，有70.7%表示只可以接受拖手，有26.6%表示可以接受接吻，有2.2%甚至表示可以接受性交。而在1,455名有拍拖經驗的受訪者當中，可發現拖手、搭膊頭、攬腰、擁抱、接吻均是十分普遍的，其中3.7%甚至有性交。

至於受訪者如何看性與愛的關係方面，雖然大部分受訪者均不認為性交是人生存的基本需要，且有接近五成受訪者認為性交不單是純肉體的接觸，當中還包含心理上的滿足和心靈上的交流，是基於全人的委身，但同樣有不少受訪者認為性交是表達愛意的一種途徑，這反映今天的年青人對性與愛的觀念混淆不清。一方面相信性交必須有愛情的基礎，另一方面認為有愛情必須要性交，簡單來説是將性與愛等價。作為教會青少年工作者，實在有必要澄清當中的誤解。

3. 青少年的婚姻觀

雖然大部分學生不贊成婚外情和婚外性行為，而且對婚姻有健康的理解，但當他們設身處地面對婚外情和婚外性行為時，他們似乎很難在理想與現實中作出取捨。而且部分學生認為離婚是今天的婚姻關係中不可避免的，其中有學生認同婚內虐待、通姦、沉迷毒癮、賭癮和性生活不協調是離婚的主因。這說明**今天的青少年對婚姻仍然有盼望，卻對認識配偶和長久的婚姻關係失去信心**。

雖然大部分受訪者不認同婚外情和婚外性行為，但他們卻接受婚前性行為！當中接近一半男生認為若大家真心相愛便可發生性行為，不必等到婚後。幸好持這樣想法的女生遠比男生少。總的來說，受訪者不認為婚前的貞潔與婚姻關係的好壞有關。當問及如何處理婚前意外懷孕時，雖然超過一半受訪者反對墮胎，但仍有五分之一人認為墮胎是惟一解決的途徑。

婚姻意識的薄弱是普遍的青少年問題。對年青信徒而言，青少年工作者大可藉著教會內夫婦關係的見證，讓年青會友感受到婚姻關係的可愛。事實上，若青少年是從一個充滿和諧和愛的婚姻關係中成長，他們自然追求一個充滿和諧和愛的婚姻關係，也懂得如何從縱慾行為和幸福婚姻中作出取捨！

青少年的心性發展

社會福利署於二〇〇〇年三月出版了一套名為《談情說性少年時》[7] 的家長性教育資料套。該資料套中舉出了青少年的數個特質，對教會青少年工作者有相當的參考價值。當明白他們的特質，在提供性方面的輔導時便能消除一些不必要的尷尬和更準確地了解年青信徒的需要。

a. **關注身體的變化**：青少年工作者應特別注意女孩子自我形象的改變。傳媒積極鼓吹的「瘦身」熱潮為女性塑造出一個個「完美」的幻象。整個社會對女性外表的看法，將女孩子的自我價值建立於膚淺的外在形象，將「內在美」的價值減至近乎零。面對這種自我貶值，青少年工作者宜有系統地鼓勵年青信徒結出屬靈果子，*教導他們討主喜悅的可愛！*

b. **對性產生好奇**：好奇是人類最原始的學習動機，透過好奇的天性，青少年會主動尋找一些與性有關的產品來作為他們性知識的來源。但當青少年所處的環境充斥著色情物品，卻缺乏道德標準去選擇性知識來源時，被扭曲的性觀念便會藉著青少年的性好奇成為他的個人性價值觀。這說明教會青少年工作者*對「選擇資訊」的教導與性觀念本身的教導同樣重要。*

c. **有自慰及性幻想**：青少年的性好奇驅使他們初次接觸各樣性事，在初次的自我探索中，某些能令自己產生性興奮的經驗，年青人會刻意地重做。自慰及性幻想便是最好的例子。今天流行的觀念是自慰無損健康，但它們完全沒有理會自慰在心理上帶來的損害，尤其是教會中的青少年，他們通常清楚自慰中伴隨著的性幻想實為聖經所責備，所以在自慰後認為慾念已勝過意志，產生「自我失價值感」(self-devaluation)[8]。此處帶出教會青少年工作者在處理青少年性問題時須留意的是，自己最重要的身分*是一個願意聆聽、諒解和*

支持他們的屬靈朋友。

d. **追求親密感覺**：一些研究抑鬱症的理論對青少年尋求戀愛關係有這樣的描述：「他們開始意識到來自家庭的親密感覺終會與自己分離，面對這種情感上的壓力，他們開始尋求來自同輩的親密感覺，藉此得到慰藉，這便形成青少年的戀愛！」[9] 當我們接受這個情感的轉移是青少年必經的階段，我們可以理解很多青少年所面對的困惑和行為：他們一般渴望有知己而減少向家人表達感受、容易因同性友誼與同性戀而困惑、容易迷戀或單戀異性和崇拜偶像。作為教會的青少年工作者，我們清楚知道如果我們的年青信徒能從神的愛中享受永恆的親密感覺，他們確實無需從戀愛中尋找慰藉。這也帶出先前提過一些教會不鼓勵年青信徒談戀愛的原由，而這些教會其實也不無道理，*但首要的是要讓年青信徒充分感受到來自神的愛*，否則只有弄巧反拙。

教會立場的重建

綜合青少年性價值觀和他們的心性發展，我們看到這一代的青少年著實需要一個以愛為最終道德基礎的性態度。作為教會青少年工作者，我們相信這愛是從神而來的。它不是一種放縱的愛，卻是一種管教的愛。一些青少年工作者對在相對主義下實行管教的可行性存有疑惑。但我想在這裏重申，在教會討論性問題比社會提倡的性教育有一個明顯的優勢，就是我們有聖經的權威作真理基礎，而非盲目的價值中立。教會性教育的目的，不是要在社會上不同的性價值觀上再加一個，而是為教會的年青信徒建立一個堅固的信仰，以致他們不受氾濫的色情文化影響。

研究西方性倫理發展的學者喬斯・麥道衞(Josh McDowell)曾在其著作中提出解決青少年性危機的七個策略。[10] 其中也有適合作為教會性教育基本範疇的建議，包括家長參與教學、教導濫交的後果、教導道德價值和教導學習等待等。

如何從基督中被堅立

要教導以上幾個基本範疇其實不難，聖經已多次為我們確立健康的性觀念。在明光社的傳媒教育教材套中清楚説明了四個觀念：

a. 性是人本性的一部分，本是美好的！

b. 性愛必須在婚姻的關係之內！

c. 罪使我們扭曲了健康的性觀念！

d. 我們的性罪需要救贖，而且我們要遠避情慾的試探！[11]

這四點概括了教會青少年工作在性問題上的兩大原則：一、**堅立年青信徒對性、愛、婚姻的不可分割觀念**；二、**鼓勵年青信徒遠避情慾的試探**！但問題是，當下我們已活在一個色情文化氾濫的世代，情慾的試探隨處可見，變質的性價值觀可能早已植根於年青人心中，扭曲了年青人和神的屬靈關係！那麼更多的規條式性觀念卻沒有屬靈的輔導，只會將青少年在性事上的軟弱和聖經中性觀念之間的一道鴻溝繼續深化！也就是說，教會性教育除了這兩大原則外，還應有三：**加強年青信徒屬靈爭戰的意識，提供屬靈的輔導和醫治**！這就是針對上述的第三個觀念—— 罪—— 的原則。根據克萊德．納拉莫爾（Clyde M. Narramore）對基督徒屬靈生命建立的敍述，我們可將年青信徒對色情的屬靈爭戰歸納為四個階段：[12]

a. **我需要被拯救**：羅馬書三章23節說世人都犯了罪！這表面上是一個責備，實際上反而可讓青少年明白，他們還是和其他弟兄姊妹一樣的，需要悔改，需要天父的赦免。對色情的屬靈爭戰而言，這是最重要的。因為要承認自己對性的軟弱，對年青信徒而言是最難的一步！所以，*屬靈長者（教會青少年工作者）的接納和安慰，在這階段是最重要的。*

b. **我不能救自己**：以弗所書二章8至9節說得救是本乎恩，而不是出於自己對自己的約制！這正是我們常敗於性試探的原因所在。或者是因中國人的性格內斂，我們總愛靠自己，就算尋求耶穌幫助，也要靠自己的禱告！但經驗告訴我們，當年青信徒只將自己的困難向神開放，卻沒有同性別的屬靈長者支持，他們和神的關係會漸漸邊緣化，認為其他弟兄姊妹與神的關係總比自己好，與弟兄姊妹的關係也漸漸疏離，最後不單不能自救，而且對色情的誘惑愈陷愈深。*所以教會青少年工作者必須從日常生活的細節*

起，與青少年建立親密、互信的屬靈關係。對青少年工作者而言，這無疑是須要義無反顧的委身！

c. **基督可以救我**：羅馬書十章13節說因為凡求告主名的，就必得救！這裏我有一點分享，我也曾經陷入色情試探的爭戰中。當我和我的屬靈長者一同為著我的爭戰禱告時，我意識到我要抓緊基督的手！這是我戰勝色情試探的關鍵。我是有嚴重畏高的，所以每逢那些挑動情慾的畫面在我心裏浮現，我便想像自己被懸在深淵之上，而上面拉著我的，就只有基督的手，那內心的誘惑漸漸被那基督的拉力取代，而那夢魘便因著基督的手離我而去！

d. **祂必給我保證**：約翰壹書一章8節。基督賜給我們永生，誰也不能從我手裏把永生奪去！基督赦免了我們的罪，世上便無人（當然包括我自己）能定我的罪。這裏我想到那在行淫時被捉，被人帶到耶穌跟前的婦人，耶穌對她作出「前事不計」的保證，以同理心完全接納她。但耶穌的工作並不止於此，其中更重要的，是耶穌提到「不要再犯！」祂不但給了那婦人一個鼓勵和一個正確的方向，也為教會青少年工作者提供了一個參考。當面對一個在色情上軟弱的年青求助者，他需要的*先是一個「前事不計」的保證，然後就是一個「不要再犯」的正確方向*。

參考書目

Benson, WarrenS. and Senter III, MarkH. *The Complete Book of Youth Ministry*. U.S.: Moody Press, 1987.

LaHaye, Time. *How to Win over Depression.* Michigan: Zondervan Publishing House, 1974.

Lam, Man Ping. *A Study on the Knowledge, Attitudes and Behaviors of Secondary School Pupils Relating to Sex.* A Research Project Commissioned by the Education Department, HK. 1997.

McDowell, Josh. *The Myth of Sex Education.*（缺出版資料）

Narramore, Clyde M. *Counseling Youth.* U.S.: Narramore Christian Foundation, 1966.

明光社，《傳媒教育教材套之流行雜誌》，香港：明光社，2001。

社會福利署，《談情說性少年時——家長性教育資料套》第二版，香港：社會福利署，2000。

林孟平，《輔導與心理治療》第十三版，香港：商務印書館，2001。

教育署、家長與學校合作事務委員會，《家長眼中的學生性教育研究結果》，香港：教育署，1997。

張春興編，《教育心理學》第十八版，台北：東華書局，2001。

望華，《克勤的秘密：性的困擾》，香港：角聲出版社，1988。

蔡元雲，〈二十一世紀青少年工作者的挑戰〉，《塑造21世紀年輕人——青少年工作手冊》〔蔡元雲等著〕，香港：突破出版社，1999。

註釋

1 蔡元雲，〈二十一世紀青少年工作者的挑戰〉，《塑造21世紀年輕人——青少年工作手冊》〔蔡元雲等著〕（香港：突破出版社，1999），頁11。

2 教育署、家長與學校合作事務委員會：《家長眼中的學生性教育研究結果》（香港：教育署，1997），頁24~25。

3 張春興編：《教育心理學》（台北，東華書局，2001，第十八版），頁140。

4 Warren S. Benson and Mark H. Senter III, *The Complete Book of Youth Ministry* (U.S.: Moody Press, 1987), p.79.

5 社會福利署：《談情說性少年時——家長性教育資料套》（香港：社會福利署，2000，第二版）。

6 Lam Man Ping, *A Study on the Knowledge, Attitudes and Behaviors of Secondary School Pupils Relating to Sex*, A Research Project Commissioned by the Education Department, HK., 1997, pp.79~106.

7 社會福利署：《談情說性少年時——家長性教育資料套》。

8 望華：《克勤的秘密：性的困擾》（香港：角聲出版社，1988），頁110。

9 Tim LaHaye, *How to Win over Depression* (Michigan: Zondervan Publishing House, 1974), p.27.

10 Josh McDowell, *The Myths of Sex Education*, pp.153~219.（缺出版資料）

11 明光社：《傳媒教育教材套之流行雜誌》（香港：明光社，2001）。

12 Clyde M. Narramore, *Counseling Youth* (U.S.: Narramore Christian Foundation, 1966), pp.125~150.

附錄

色情的害處：真實個案選輯

個案一：連環殺手[1]

特德・邦迪（Ted Bundy）是美國一個著名的連環殺手，在一九八九年一月二十五日被處決前，他公開承認：

事情發生是經過不同階段，漸次出現的，並非一夜之間發生的。我對於色情刊物的經驗，特別是在性愛中含暴力成分的色情刊物是：一旦你陷溺其中，如同其他帶有上癮成分的東西一樣，我只會繼續尋找更有力、更露骨和更繪形繪聲的材料。與上癮無異，你繼續渴求更勁、更勁的一些東西，可以予你更大的刺激感。直至到了一個地步，色情刊物再不能給你甚麼，你便開始思量，除了閱讀或觀看以外，倘若真箇實行出來，或許給你更大的滿足。

我告訴你，我不是責怪色情刊物……我要為自己所作的一切事情負上全責。我無意暗示……我是某些無助的受害者，（然而）我們論到這一種影響，就是媒介中的暴力、色情刊物的暴力的影響，卻是導致強姦、兇殺行為的一連串事件中……不可或缺的（一環）。

個案二：強姦犯的自白

● 我走進一間色情刊物的書店，在投幣口投入一個硬幣，觀看這部色情電影。戲中一個男子走到女孩背後，攻擊並強暴她。我開始有強暴的幻想。當我觀看這部電影時，好像有人在我童年燃起一根導火線……我就這樣做了，我出去並強暴別人。[2]

● 我迷上這類別的內容（色情刊物），因為我喜歡看見女人在這場景中暴露。我在十三歲那年開始在色情刊物前自慰，然而不久情況隨即加劇，我開始性侵犯十歲的表妹，因為我極需要性，卻不能獲得性的滿足。[3]

個案三：米高．萊斯烈(Michael Laslitt)：色情導致上癮[4]

色情刊物的神話，就是它釋放人的性慾，並藉著性的缺口來釋放意志和身體。這誠然是一個神話。我發現色情刊物非但不能釋放人，相反地，這是捆綁的淵藪。男人在色情刊物前自慰，只會令自己沉迷性幻想。男人在色情刊物中得不到自由。色情刊物如同酒精一樣，令人上癮。它帶來的不過是短暫的解放；不過是情緒的改變。而且，這（癮）會愈加強化，正因為（透過色情刊物）你得著釋放，你便想要更多。正是因著這種強化的特質，令男士們愈發希望在色情刊物中得到的幻想，能在現實世界中經驗得到。

個案四：三級男「影星」

比爾・蘭迪斯（Bill Landis）是一位拍三級片的影星，他概述色情行業的醜陋後，這樣總結說：「人需要性幻想，我不認為所有色情刊物均對人有害。不幸地，卻遺害製造色情刊物的人。我們每一個均是深感困擾的人，帶著個人情感的包袱進入這個行業，然而新的疤痕卻從未獲得醫治……充權主義理論家、（對色情）滿懷希望的學究或忙碌的前表演者，他們去壓抑（對色情）負面的批評，是對他們有利的。我從沒一刻有充權的感覺。我所作的不過是飲鴆止渴，為了自我麻醉而支付吸食毒品的費用。」

個案五：心理治療師維克托・克萊茵（Victor Cline）遇到的個案[5]

● 數年以前，一名四十六歲男子，出任洛杉磯市的副市長。一天下午，他光顧西洛杉磯一間色情影院。當他觀看一齣色情電影時感到異常興奮，於是開始性侵犯或調戲隔鄰的顧客。那人原來是城裏的便衣副隊官。這名副市長隨即被拘捕、控告，後來在審訊中被判有罪。這名出色的公僕只得含羞離開所擔任的崗位，前途盡毀。

● 一名三十六歲、已婚、大學程度的專業人士，在經濟上相當有成就，卻陷溺於色情刊物、自慰，並經常光顧有性交易的按摩院。他有美滿的婚姻，育有四名兒女，在教會中為活躍分子，並擔任重要的位置。雖然，他為自己陷於非法的性行為感到內疚，這不獨有違他的信仰標準和個人價值，一旦遭人發現，更會對其婚姻產生嚴重影響；然而，他仍不能自制地繼續下去，雖然他理性上不想這樣。隨著他令妻子感染性病，問題終於浮現。這為他的生命和婚姻帶來了許多嚴重和具破壞力的後果。

● 兩個九歲和十歲的兄弟，無意中發現父母的三級錄影帶，數月以來，趁父母外出工作時偷偷觀看。後來，他們強迫兩名弟妹和一名隔鄰的男孩一同觀看，脫光他們三人的衣服，強行將污物、棒狀物和小石，放入他們的直腸中，又強迫他們進行口交和肛交，並恐嚇他們倘若將事情告訴別人，便以兒童槍對付他們。這種侵犯的行為持續將近一年，事件最後得以揭發，因為其中一名被虐的孩子無法忍受，終於鼓起勇氣去舉報。

● 美國淫穢物品委員會首席檢察官收到的報告，載於最後的報告(1986)：「我的女兒與一名年約十一歲的鄰居男孩有染……他向街上的女孩和男孩展示色情圖片。後來，他邀請我女兒到他家中玩遊戲機，然而，卻模仿圖片中的性交動作，著我十一歲的女兒為其性伴侶；我另一個女兒親眼目擊這事。」

● 一位母親向美國淫穢物品委員會首席檢察官作證，

載於最後的報告(1986)：「我兒子在一九八一年八月六日遭殺害，全因為《好色客》(*Hustler*)雜誌社的貪婪和欲念之故。兒子讀到〈死亡的高潮〉一文，並按著內中的描述作性的實驗，他跟隨文中直接的指引去作，最後導致死亡。要是我兒子沒有受一九八一年八月《好色客》雜誌〈該怎樣作〉這篇文章的慫恿，被煽動作出行動，他今天會仍然活著。這篇文章在我兒子腳前被發現，就是它直接導致他的死亡。」

個案六：十三歲女童被強姦[6]

我將要憶述遭強姦的經過和在這強暴過程中，怎樣涉及色情刊物。當時我十三歲，在威斯康辛州北部與女童軍們一起露營。那是十年前的十一月，那天正午時分，我在營外的森林散步，遇到三名獵鹿者，他們正在閱讀雜誌，不住的談話、說笑。

我隨即轉身便走，一名男人大聲喊叫：「這裏有一個活的。」我以為他們說的是鹿，因此便想要跑開。我隨即發現附近根本沒有鹿，他們說的是我。我立即逃跑，他們緊追著我。我絆倒了。森林滿是松樹和樹葉，他們將我捉住。

我告訴他們想要離去，並請求他們讓我離去。他們說：「妳不能離開。」並著我起來。他們抓著我的頭髮，上下打量我的身體，稱我為「小小的戈黛娃」(那時候我是長髮的)、金髮女孩，並調笑著。他們命我脫光衣服，我不得已依從。天氣十分寒冷。他們要我躺下來，不准作聲；倘若我大呼小叫，他們恐嚇將我殺害。他們說要一槍將我的頭轟掉。

他們三人均攜有狩獵用的來福槍。其中二人以槍指著我頭，另外一人則以槍打我的胸部，其餘二人仍然繼續笑著。後來，第一人將我強暴了。當他完事以後，他們開始因為我是處女而調笑著。我不知道他們是怎樣知悉的。然後他們嬉笑著說他們可以在軍營中以此事作玩笑，又提及在軍隊中的笑話。第二人將我強暴了。

他們沒有一人嘗試吻我或撫摸我的胸部，他們不過想要性交而已。當第二人完事以後，第三人不能勃起。其餘的人隨即要求我給他口交，但我根本不知道甚麼是口交。第三人於是強行將他的性器官放入我口中，並著我照樣行。我不知道該怎樣作才是。他開始破口大罵，罵我是婊子、妓女，並警告我要作得妥當，又認為我根本沒有嘗試做好。他怒氣大作，其中一人扳動槍的觸發器，我不得不著力一點。當他勃起以後，就將我強暴了。

他們繼續調笑著，並謂遇上我是何等幸運，我又剛好是一名處女。他們開始踢我，並將松樹葉和其餘的樹葉，盡往我身上踢去；又說，如若我仍然有需要，明天可以再來找他們。當他們逐漸遠去，我拾回衣服穿上。後來，我在地上發現他們剛讀畢的色情刊物，封面上刊登赤裸的婦女。

個案七：亂倫[7]

我的名字是嘉芙蓮・白地（Katherine Brady）。我出生於衣阿華州的Dubuque，我在威斯康辛州的綠灣市受教育、結婚和居住，有二十三年的時間。我是一名單親家長，有兩名女兒，分別十二歲和十三歲。今天，我將以一名亂倫生還者和保護兒童免受性侵犯的活躍分子的身分作見證。

我父親曾有十年時間不斷性侵犯我，從我八歲開始直至十八歲……在父親早年性侵犯的階段，他使用色情刊物的內容，強迫我與他有性行為。最初的時候，色情刊物是從他工作的兩個國家監獄中的充公得來的。他受雇於威斯康辛州Waupun市國家精神病院，職位是監獄警衛。後來則轉任威斯康辛州綠灣市男童院的訓練和懲教官。

父親使用色情刊物有若干目的。首先，他視之為教材——教導我甚麼是性，並著我應該怎麼作。當他向我展示色情圖片，他仔細形容當中的動作。「這是口交」，「這是妳在性交過程中應該作的」，諸如此類。

其次，父親以這等圖片來合理化他的侵犯，企圖讓我以為我倆所作的是正常的。當中的意思，就是既然圖片中的男人可以這樣待女人，他這樣對待我也是可以的。

最後，他使用色情刊物來摧毀我的防範。色情刊物宣稱女士們不過是男人獲得性高潮的工具。既然色情刊物向我展示出，女人和女孩不過是這樣子而已，我又怎能拒絕父親的要求呢？

個案八：婚姻中的性暴行[8]

我與前夫的性生活，幾乎全都是含性暴虐成分的。他整屋子都是色情刊物，包括軟性和硬心的。這些雜誌使他以為我也喜歡瘋狂的事情。他不住投訴我的性生活沉悶、乏味。在我們新婚初期，他並沒有使用色情刊物和喝酒。後來，他開始喝酒，又開始使用色情刊物，性生活逐漸變得具暴虐意味。他從色情刊物中獲取靈感，而性交的時間和方式，都沒有我說話的餘地。

他有厭惡陰毛的癖好，他習慣將我和他的陰毛剃掉。有一次他錯手劃破我的陰核，他推說是無心之失。

當他發現我喜歡某些東西，他總會嘗試予以毀滅，就像他殺死家中的狗兒一樣。我曾多番以為他真箇想將我殺死，還有很多更無形的精神虐待。

他也要求我看色情刊物。有一次我們看到一齣三級電影，內容有肛交的鏡頭，他就逼我嘗試。我答應來一次，感到非常痛楚，但他卻要繼續。他說我的陰道已像老妓女般鬆弛，叫他無法得到快感。他又經常揑我和咬我，當我喊痛的時候，他就會說：「不會啦。」我漸漸感到麻木，失去了自己的感覺。有一次他說：「是的，應該會痛的。」那次以後，我開始有點轉變了。

我們這些色情刊物的受害者，是用生命付上了代價的。我們必須有投訴的途徑，投訴色情刊物有份把我們的丈夫變成強姦者。

個案九：心理治療師嘉露蓮·卡斯歐(Charlotte Kasl)的見證[9]

基本上我要把沉迷色情與童年的性虐待拉上關係。我的經驗是色情刊物是沉迷色情中不可或缺的部分，而沉迷色情是童年性虐待不可或缺的部分。正因為這些都是沉迷，都是逐漸增加的，是強制的，是不能控制的。那使用色情刊物的色情狂陷於一個漩渦中，情況愈趨惡化，他就愈要做出性行為，無論是偷窺、是調戲小孩，還是露體。

註釋

1 Catherine Itzin, ed., *Pornography: Women, Violence, and Civil Liberties* (Oxford: Oxford University Press, 1993), pp.191~192, 195~196.

2 Itzin, *Pornography*, p.322.

3 Itzin, *Pornography*, p.196.

4 Itzin, *Pornography*, p.188.

5 Dolf Zillman, Jennings Bryant and Aletha C. Huston, eds., *Media, Children, and the Family: Social Scientific, Pyschodynamic, and Clinical Perspectives* (Hillsdale, N.J.: Lawrence Erlbaum, 1994), pp.234, 244.

6 Diana E. Russell, ed., *Making Violence Sexy* (Buckingham: Open University Press, 1993), ch.7.

7 Russell, *Making Violence Sexy*, ch.5.

8 Russell, *Making Violence Sexy*, ch.6.

9 Itzin, *Pornography*, p.192.

明光社簡介

一貫宗旨：「關注傳媒污染、正視社會歪風」。

明光社成立於一九九七年五月，是一個關注傳媒、性文化及社會倫理的非牟利團體；希望本著基督教信仰，藉研究、監察、教育及出版等工作關心社會、服務人羣。

在這彎曲悖謬的世代，作神無瑕疵的兒女。
你們顯在這世代中，好像明光照耀，將生命的道表明出來……（腓立比書二15~16）

我們的吶喊

- 熾熱的賭風！賭波合法化；整個社會彌漫著投機取巧的心態。
- 宣揚同性戀的活動愈來愈公開，有同志團體甚至滲入校園，開辦工作坊。
- 將娼妓包裝為「性工作者」，將賣淫合理化的呼聲愈來愈多！
- 充滿血腥暴力、煽情和小題大做的新聞報道；歌頌黑社會的電影，影響我們的下一代！
- 新聞及言論自由成為散佈性濫交、宣傳色情事業的工具。

當社會的價值觀念愈來愈混亂，甚至視講道德為落伍時，我們的麻木和沉默，其實就是縱容！我們固然不希望政府插手干預傳媒的運作，但也不相信以市場導向為主的傳媒機構會自律，明光社是一個關注傳媒問題和社會風氣的非牟利團體，誠願大家能夠支持我們，為混亂的傳媒和社會風氣，提供另類的聲音，為我們下一代的成長，提供更健康的環境！

明光社主要工作包括：

- 繼續就本社關注的三大問題（傳媒、性文化、社會及家庭倫理）進行各項研究、調查及出版。
- 繼續往各教會、學校及社團主領崇拜及專題講座（包括有關傳媒、色情、同性戀及家庭倫理的問題）。
- 協助編製適合中、小學之傳媒教材套及小冊子。
- 在教會及學校推動生理及倫理並重的性教育。
- 設有生命及倫理教育資源中心，為教師、社工及有需要之人士提供有關傳媒、色情、同性戀、生命及倫理問題之剪報、書刊、教材套、論文、網址及影音資料，以便製作教材、講座資料及撰寫論文。
- 關注賭風蔓延問題。

地址：九龍荔枝角長裕街8號億京廣場11樓1105室
（荔枝角港鐵站A出口）

電話：27684204　傳真：27439780

網址：http://www.truth-light.org.hk

電郵：info@truth-light.org.hk

香港性文化學會簡介

關注香港性文化　推動整全性教育

香港性文化學會於二〇〇一年十二月，由一羣基督徒所組成，為要在此性混亂及情慾氾濫的世代，為上帝作鹽作光。由於感到香港社會色情文化氾濫，且瀰漫著性開放、性隨便的態度和思想，所以我們期望促進市民對香港性文化的關注，提倡健全的性觀念，並關注青少年的成長，為下一代締造健康的性文化。

本會以基督教價值觀為依歸，以及持守以下態度：以研究為基礎；重視真理；尊重理性和經驗，重視民主及基本人權；以和平理性的態度溝通、對話。

本會工作

四個研習小組

A. 性倫理／性神學小組

B. 同性戀關注小組

C. 色情文化／性教育小組

D. 婚姻與家庭小組

就著幾個性文化課題作資料搜集和探討(聚會大概每月一次)。

出版工作

1) 報紙專欄(自2003年1月1日起)：

- 「性文化」專欄(刊於「談天説道」版，《星島日報》逢

星期一和《太陽報》逢星期日)

- 「真情真性」專欄(刊於《基督教週報》)

2) 性愛神話單張系列：拆解關於性愛的神話

3) 性教育教材套

4) 書籍(如《同志運動全面研究》)

5) 透過電郵將最新的性文化消息通知會員

- 定期舉行祈禱會，守望香港性文化
- 到教會、學校等主領性教育講座
- 舉行講座、工作坊、研討會

地址：九龍深水埗長沙灣道202-204號瑞星商業大樓3樓C室

電話：31651858　　傳真：31059656

網址：http://www.sexculture.org.hk

電郵：info@scs.org.hk

「明光社」回應表

本人願意（請在合適的方格內加上"√"）

☐ 索取雙月刊《燭光網絡》

☐ 協助投訴傳媒問題

☐ 以電郵形式訂閱《燭光網絡》

以電郵形式收取以下最新消息

☐明光社消息 ☐代禱事項 ☐傳媒 ☐性文化

☐社會倫理

奉獻

☐ 成為明光之友，每月以自動轉賬的方式，捐款支持貴社的工作。（請將表格寄給我）

☐捐款港幣$ ________ 資助 貴社的工作

（支票號碼：________________）

☐捐款港幣$ ________ 資助《燭光網絡》的印刷及郵費

（支票號碼：________________）

☐捐款港幣$ ________ 資助推展性教育工作

（支票號碼：________________）

＊抬頭「明光社」，壹佰元或以上之捐款，可憑收據申請免稅。

個人資料

姓名：（中）________________先生/小姐/女士（英）________________

電話：（日間）________________（夜間）________________

（其他）________________

電郵：________________傳真：________________

地址：________________________________

「香港性文化學會」回應表

本人願意（請在合適的方格內加上"√"）

☐ 希望收到學會的電子通訊。

☐ 以禱告守望香港的性文化，及盡量出席學會的祈禱會。

☐ 參與研習小組

- ☐ 性倫理組　　☐ 同性戀關注組
- ☐ 色情文化／性教育組　　☐ 婚姻與家庭組

☐ 奉獻港幣＿＿＿＿＿元。

個人資料

姓名：（中）＿＿＿＿＿＿（英）＿＿＿＿＿＿性別：＿＿

所屬團體／教會：＿＿＿＿＿＿＿職業：＿＿＿＿

電話：（日間）＿＿＿＿＿＿＿（夜間）＿＿＿＿＿＿＿

（其他）＿＿＿＿＿＿＿＿＿＿＿＿＿＿

地址：＿＿＿＿＿＿＿＿＿＿＿＿＿＿＿＿

電郵：＿＿＿＿＿＿＿＿＿＿＿＿＿＿＿＿

讀者意見表

緊扣時代　服事教會

以文字傳揚基督真道

衷心多謝你購買本社書籍。本社一直致力以出版事工服事教會，幫助信徒扎根於神的話語，促進靈命增長。為使我們的出版更能滿足你的需要，請填寫下列各項資料，並寄回或傳真予本社。

所購書籍：＿＿＿＿＿＿＿＿

本書最吸引你的地方：
□作者　□適切性　□文筆　□設計　□實用性
□其他：＿＿＿＿＿＿＿＿

購買本書地點：
□基道書樓　□基督教書店　□非基督教書店

性別：□男　□女　職業：＿＿＿＿＿＿＿＿

信仰：□基督徒　□非基督徒

年齡：□ 16 歲或以下　□ 17～25 歲　□ 26～35 歲
□ 36～55 歲　□ 56 歲或以上

學歷：□中三或以下　□中五　□預科
□大學　□研究院

□我欲更多了解基道出版社的事工及考慮支持，請寄給我下列資料：
□機構簡介　□新書資料　□基道會員通訊
□《基道文字事工通訊》

姓名：＿＿＿＿＿＿＿＿電話：＿＿＿＿＿＿＿＿

地址：＿＿＿＿＿＿＿＿

＿＿＿＿＿＿＿＿

傳真：＿＿＿＿＿＿＿＿　電子郵件：＿＿＿＿＿＿＿＿

其他意見：＿＿＿＿＿＿＿＿

＿＿＿＿＿＿＿＿

多謝賜教！

基道出版社

意見表可以傳真（2687-0281）或直接郵寄以下地址：
香港沙田火炭坳背灣街26號富騰工業中心1011室
基道出版社編輯部收